SUBMARINOS Y BARCOS MODERNOS

INNOVANT PUBLISHING
SC Trade Center: Av. de Les Corts Catalanes 5-7
08174, Sant Cugat del Vallès, Barcelona, España
© 2021, Innovant Publishing
© 2021, Trialtea USA, L.C.

Director general: Xavier Ferreres
Director editorial: Pablo Montañez
Coordinación editorial: Adriana Narváez
Producción: Xavier Clos

Diseño de maqueta: Oriol Figueras
Maquetación: Mariana Valladares
Equipo de redacción:
Redacción: Sergio Canclini
Edición: Ricardo Franco
Corrección: Karina Garofalo
Coordinación editorial: Adriana Narváez
Ilustración: Federico Combi (págs. 42, 43, 132 y 133)
Créditos fotográficos: "Distintas vistas de un barco de carga",
"Mujeres navegando en el río Casamanza, Senegal", "Papiro egipcio",
"Sello postal polaco con birreme fenicio", "Sello postal polaco con
trirreme griego", "Réplica de las carabelas de Cristóbal Colón", "Barco
de vapor en Portland", "Sello postal en homenaje a Rudolf Diesel",
"Brújula", "Réplica de un astrolabio medieval", "Sextante", "Carta
náutica", "Planisferio del siglo XVII", "Clíper", "Ilustración del RMS
Titanic", "Inmigrantes europeos llegan al puerto de Nueva York", "Buque
descargando petróleo crudo", "El Madrid Maersk", "El OOCL Japan",
"El CMA CGM Antoine de Saint Exupery en el puerto de Hamburgo",
"El Blue Marlin", "El BOKA Vanguard", "Barco transporte de autos y
camiones", "El Symphony of the Seas", "El Norwegian Breakaway",
"El Queen Mary II", "Acorazado HMS Dreadnought", "Buques de
asalto anfibio de la clase Wasp", "Destructor Izumo", "Crucero Kirov",
"Portaaviones Charles De Gaulle", "El Almirante Kuznetsov", "El George
H.W. Bush", "Modelo de madera del submarino Turtle", "Imagen 3D
del submarino USS Alligator", "El submarino Peral", "El Nautilus",
"Lanzamiento de un U-boot", "Submarino bajo el hielo", "El USS New
Hampshire SSN-778", "Batiscafo Mir-1", "El Turanor Planet Solar", "El
rompehielos Árktika", "El astillero de la Mitsubishi Heavy Industries", "El
Pioneering Spirit", "Ilustración 3D del Titanic II", "El Prelude FLNG", (©
Shutterstock), "El Siracusia" (© Wikimedia Commons).

ISBN: 978-1-68165-887-2
Library of Congress: 2021933997

Impreso en Estados Unidos de América
Printed in the United States

ÍNDICE

INTRODUCCIÓN

Cuando se habla de náutica, se hace referencia a la "ciencia o arte de navegar". Su historia implica un relato que registra e interpreta la evolución de los conocimientos, la invención de herramientas e instrumentos y las consecuencias de los descubrimientos vinculados a los viajes de exploración. También incluye diversos temas que van de la pesca primitiva al derecho internacional, pasando por la evolución de las naves, el diseño de barcos, los sucesos que se produjeron en alta mar o el desarrollo de diversas ciencias relacionadas, como la oceanografía, la cartografía o la exploración marina.

Además, la economía y el comercio, el turismo, el funcionamiento de los faros, así como la inspiración para obras de literatura o de pintura y el relato de la vida de marinos y pasajeros, de inmigrantes o de comunidades enteras son algunas de las actividades vinculadas con la historia de la navegación. Porque la navegación es, desde sus orígenes, una de las aventuras más apasionantes que el ser humano haya emprendido. Lo fue en tiempos remotos y lo sigue siendo, salvando las distancias, en la actualidad.

El enorme salto que se produjo desde los primeros objetos que sirvieron para alejarse de la costa hasta las gigantescas naves actuales significó una evolución permanente en los medios de navegación. Estas naves modernas son capaces de extraer, procesar, almacenar y transportar toneladas de combustibles de origen fósil. Remos, velas, vapor, diésel, gas, energía solar y atómica fueron y son elementos y energías para aprovechar de manera más eficiente y rápida el traslado en el mar.

¿Cuál será el límite para construir enormes embarcaciones capaces de flotar? Si en su momento el transatlántico *Titanic* fue un gigante del mar, los modernos cruceros de placer nos lo hacen ver como una cáscara de nuez. Algo que también sucede con aquellos megabarcos que abusan de sus dimensiones para cumplir tareas específicas de carga, transporte o instalaciones especiales.

La historia de la navegación militar también es asombrosa, tanto sobre la superficie del mar como debajo de ella. Ya no con tanto poder de ataque y destrucción, sino más bien en un papel disuasivo, las flotas navales se equipan y se mejoran constantemente apoyadas en las tecnologías más modernas.

En este volumen nos vamos a referir a los grandes barcos y submarinos de la actualidad, esos verdaderos monstruos del mar que cumplen diferentes funciones y que, además, tienen una historia propia.

LA INGENIERÍA NÁUTICA

La ingeniería náutica se mantuvo en constante progreso desde los albores de la civilización hasta nuestros días: de tomar elementos de la naturaleza y adaptarlos para conseguir movilidad en el medio acuoso a desarrollar materiales especiales que facilitan la navegación; desde un par de tripulantes para accionar los remos y mover el timón a verdaderas ciudades flotantes que desafían el concepto de flotabilidad. Para las civilizaciones antiguas, vivir a orillas del mar era estar en contacto con una fuente de provisión de alimentos. Aprovechar la flotabilidad de un tronco para alejarse de la costa tal vez incentivó a aquellos hombres y mujeres para adentrarse en el mar y conseguir mejores piezas. Lo cierto es que el ser humano se lanzó a la mar en busca de nuevos horizontes, civilizaciones desconocidas y desafíos que pusieran a prueba su inteligencia.

Un tronco vaciado sirvió como embarcación para pescar más allá de la costa.

LOS ORÍGENES: EL CAYUCO

La navegación ha sido fundamental para el desarrollo de las civilizaciones a lo largo de la historia. Diferentes actividades como el comercio, el transporte, la pesca e, inevitablemente, la guerra, se vieron favorecidas. La utilización de embarcaciones permitió aumentar la movilidad, ya que el ser humano estaba limitado, hasta entonces, al ámbito terrestre.

Todo indica que la primera embarcación construida por el ser humano fue el cayuco, durante la Edad de Piedra. Varias son las referencias prehistóricas que, sin conexión aparente entre sí, describen este tipo de embarcación, un tronco vaciado con capacidad para flotar que sirvió como medio de navegación para pescar más allá de la costa y aventurarse en los primeros viajes. El vaciado del

tronco se realizaba con piedras en forma de hacha. Con la ayuda de una hoguera, el interior del tronco se carbonizaba, mientras que el exterior también se sellaba con el fuego de antorchas. Ejemplares de cayucos sumamente trabajados fueron encontrados entre los pueblos del Pacífico noroeste, con medidas que alcanzaban los 18 m de eslora.

Según investigaciones realizadas en algunas poblaciones primitivas de Australia, las primeras embarcaciones capaces de salir al mar abierto aparecieron hace unos 50.000 años. La datación coincide con la finalización del último período glacial, cuando el nivel de los mares y océanos descendió considerablemente y dejó al descubierto grandes superficies. Esta situación habría facilitado la navegación entre diferentes superficies de tierra, en trayectos de no más de 100 km entre una y otra.

Los egipcios construyeron barcos
de madera con troncos traídos
desde los bosques del Líbano.

LAS EMBARCACIONES
DE LA ANTIGÜEDAD

Más allá de las posibilidades de navegación que ofrecían grandes
ríos como el Nilo, el Tigris y el Éufrates, los pueblos de la antigüedad estaban obligados a salir al mar para realizar sus intercambios
comerciales.

Los antiguos egipcios estuvieron entre los primeros en construir embarcaciones de vela para navegar por el río Nilo y el mar
Mediterráneo hace más de 6.000 años. Como testimonio, se
encontraron numerosas pinturas y bajorrelieves que decoraban los
muros de las tumbas reales, así como barcas desarmadas que for-
maban parte de los elementos requeridos por el alma del difunto
para su viaje final.

Sus naves estaban construidas con juncos de papiro (la misma
planta que servía para fabricar el papel) entrelazados, lo que le
daba forma al casco de la embarcación. Es probable que los primeros navegantes hayan colocado una vela a la embarcación para
aprovechar el empuje del viento. Tal vez se hayan inspirado en
la leyenda de la diosa Isis que, con el objeto de apresurar el viaje
para buscar a su hijo, elevó un palo en medio de la embarcación y
le colocó un lienzo.

Estas embarcaciones no podían flotar demasiado tiempo, ya
que el papiro absorbía agua y terminaba hundiéndose. Por eso, y
para ganar velocidad, les adosaron remos y una vela cuadrada, que
solo les permitía navegar a favor del viento.

Los egipcios también construyeron barcos de madera con troncos traídos desde los bosques del Líbano. Estas naves tenían características similares a las construidas con papiro: sin quilla, poco
maniobrables y destinadas a aguas tranquilas. Las maderas no se
unían mediante clavos, sino que iban atadas. Cuando ingresaba
agua por las juntas, la tripulación se encargaba de tensar mediante

14

un torniquete una cuerda que iba de proa a popa del barco y que lo hacía curvar apretando las maderas unas contra otras. El sistema, semejante al de un arco, permitía a la embarcación estar más o menos curvada según la tensión de la cuerda. Desde la época de los faraones, la forma y el material de las velas fue variando, primero utilizaron papiro, y más tarde, algodón o cáñamo fuerte. Sin embargo, otros pueblos antiguos las confeccionaban de juncos o esparto, los chinos usaron cañas, y tanto griegos como romanos emplearon lino. En tiempos de Julio César, los bretones fabricaban sus velas con cuero; mientras que otras procedían del cáñamo y recibieron el nombre de olonnes, expresión que en siglos posteriores derivó en el término "lona".

En cuanto a su forma, por lo general eran cuadradas, pero también las hubo redondas y hasta triangulares; tal es el caso de las embarcaciones árabes conocidas como *dhow*. El *dhow* era un barco de bajo calado que, de acuerdo con su tamaño, podía tener de uno a tres mástiles. Su gran aporte fue justamente la forma triangular del velamen, que le permitía navegar sin remos, independientemente

de la dirección del viento. Hasta ese momento, el resto de los veleros solo prescindía de sus remeros cuando contaban con viento de popa (a favor).

Las embarcaciones de la antigüedad se caracterizaban por ser utilizadas para cabotaje, mientras que sus dimensiones variaban en función de la actividad para la que estaban construidas: naves comerciales o naves guerreras.

Los barcos de guerra fenicios, por ejemplo, eran de madera, largos, estrechos, con la proa elevada en forma curva y una doble fila de remeros situados en puentes superpuestos denominados birremes. Contaban con un poste o mástil central cruzado por una vara en la que se desplegaba una vela de forma cuadrada que solo utilizaban cuando el viento les era favorable. En cambio, los griegos utilizaban el trirreme, una embarcación de hasta 35 m de eslora y 4 m de manga, con 24 remos largos por banda, timón doble y una vela cuadrada.

De características similares pero con menos remos por una cuestión práctica, los romanos también denominaron birremes a sus naves de combate.

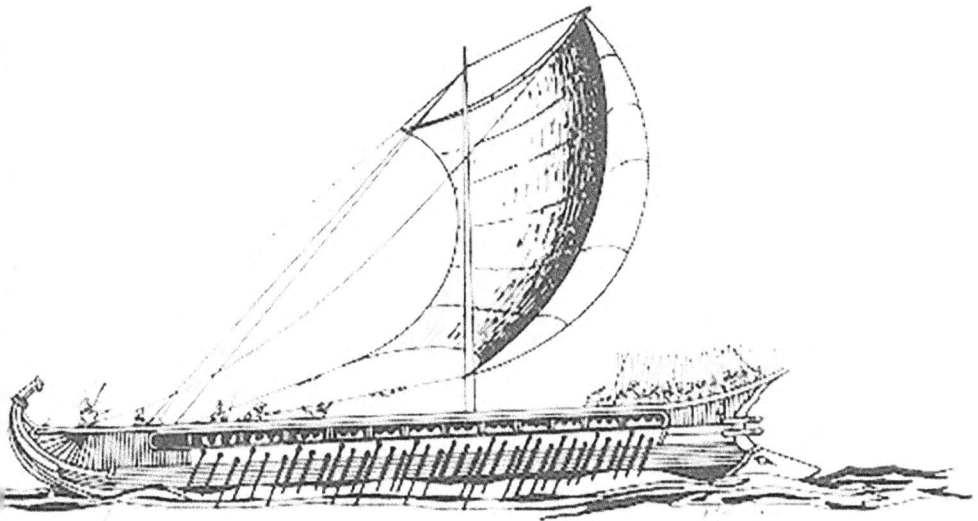

Ilustraciones que reproducen un birreme fenicio (izquierda) y un trirreme griego (derecha).

Los romanos también disponían de grandes flotas de barcos para realizar intercambios de mercancías. Eran naves de vela, de casco curvado, que permitían llevar, desde distintos lugares del imperio hacia Roma, frutos y semillas almacenados en ánforas. Además, para garantizar la actividad y los negocios, desarrollaron infraestructuras como puertos, espigones, almacenes y faros de señalización.

LA EXPANSIÓN MARÍTIMA

Los árabes tuvieron un papel fundamental en la historia de la navegación: expandieron el islam haciendo uso de varios de los elementos "tecnológicos" de la época. Gracias a la utilización de la brújula magnética, un instrumento rudimentario conocido como *kamal* y la confección de detallados mapas, pudieron navegar a través de los mares en vez de hacerlo solo en la línea costera. Hallados en cercanías de la isla de Belitung (Indonesia), los restos de un *dhow* de origen árabe del siglo ix se presume que pueden pertenecer al barco más antiguo descubierto hasta la fecha. La nave se encontraba bastante lejos del Golfo Pérsico cuando naufragó.

Cerca del siglo X llegó al Mediterráneo una civilización que provenía de los mares del norte con un tipo de embarcación que recibía su nombre por las figuras que adornaban la proa. Los *drakkars* (dragones) o *snekkars* (serpientes) eran barcos ligeros propulsados con remos y una vela cuadrada que se desplegaba con viento a favor. Además de la vela y los remos, disponían de un fondo plano que les permitía navegar tanto por mar como por río. Los *drakkars* medían casi 25 m de eslora, el palo mayor tenía una altura de 12 m y los remos más largos alcanzaban los 6 metros.

Se cree que estos barcos no eran propios de los pueblos nórdicos, sino de los habitantes de las islas británicas, ya que los escandinavos no conocían la azuela, una especie de hacha de hoja curva que sirve para trabajar la madera.

18 ## LA CARABELA

La "era de los descubrimientos" fue una época en la que los marinos europeos (especialmente portugueses y españoles) surcaron los océanos en busca de nuevas rutas y socios comerciales. Movidos por la necesidad de oro, plata y especias, y con la misión de abastecer de productos a las principales ciudades de Europa, estos navegantes hicieron historia en su búsqueda de una ruta alternativa hacia las Indias orientales.

A mediados del siglo XIV, la carabela se transformó en la embarcación ideal para afrontar el cruce de los océanos. Su diseño provenía de las naves vikingas, pero con mejoras en el aparejo y la cubierta. La gran novedad estaba en la incorporación de un timón en reemplazo de los remos largos que, amarrados a las aletas, servían para dirigir el rumbo. La carabela estaba dotada de tres mástiles: el trinquete, el palo mayor con velas cuadradas y el palo medio con vela latina (con forma triangular o de cuchillo). Este modelo se hizo particularmente famoso por ser el tipo de barco empleado por Cristóbal Colón (1451-1506) en sus viajes a América. Con una velocidad máxima de 8 nudos (aproximadamente 15 km/h) y sin la necesidad de remeros, su mayor virtud era que podía almacenar muchos alimentos para la tripulación durante las largas travesías.

En años posteriores a la conquista, las carabelas fueron reemplazadas por los galeones y las carracas, que contaban con muchas mejoras en cuanto a prestaciones, capacidad de carga, resistencia y maniobrabilidad.

Algo destacable es que las rutas que trazaron los navegantes de aquella época prácticamente se siguen utilizando en la actualidad. Para muchos historiadores, el siglo xv fue el período en el que, por primera vez, los marinos perdieron de vista la costa y se adentraron en aguas desconocidas, confiados en los conocimientos acumulados con respecto a las técnicas de navegación. El afán de encontrar riquezas fue el *leitmotiv* en la búsqueda de nuevos territorios. El espíritu aventurero se remontaba a 1445, cuando los portugueses descubrieron el Cabo Verde, y se prolongó más allá de 1522, cuando Sebastián Elcano (1476-1526) concretó la primera circunnavegación al mundo iniciada por Fernando de Magallanes (1480-1521).

La necesidad de cargar más mercancías, hacer viajes más largos para afianzar una ruta comercial y contar con equipamiento resistente para hacer frente a contingencias como los ataques de corsarios y piratas hicieron que los barcos fueran cada vez más grandes y que se incorporaran más mástiles y más velas. A partir del siglo XVIII, los buques comenzaron a clasificarse por su velamen, independientemente de la forma del casco. Así, se diferenciaron fragatas, corbetas y bergantines.

Réplica de las carabelas empleadas por Colón en su viaje de descubrimiento de América, amarradas en La Rábida, España.

Barco de vapor con rueda de paletas.

LA INCORPORACIÓN DEL MOTOR Y LOS NUEVOS MATERIALES

En el siglo XIX, la invención de la máquina de vapor y la construcción de buques con nuevos materiales, como el hierro o el acero, empujaron tan fuertemente la actividad comercial marítima que la vela fue progresivamente abandonada como único sistema de propulsión.

Los trabajos del francés Denis Papin (1647-1712) y el inglés Thomas Newcomen (1663-1729) en el diseño y la construcción de máquinas térmicas que transformaban calor en movimiento le

permitieron al ingeniero Claude Jouffroy D'Abbans (1751-1832) desarrollar en Francia nuevos modelos de naves. El *Palmipede* era un barco de 13 m de longitud propulsado por paletas que estaban movidas por un motor de vapor. El *Pyroscaphe* era una nave de 45 m de eslora con un impulsor de vapor de dos cilindros. Este sistema facilitaba la navegación contra la corriente sin depender de factores externos como el viento. El primer buque comercial que utilizó la tecnología de propulsión con vapor fue el *Clermont*, y su viaje inicial fue por el río Hudson en 1807.

Sin embargo, la debilidad que presentaba este sistema de propulsión con vapor residía en que los barcos cargaban grandes cantidades de leña o carbón, el combustible necesario para alimentar las calderas, por lo que se perdía un espacio significativo para el transporte de mercaderías. Por otro lado, tanto las ruedas como las paletas hacían que los buques fueran inestables y perdieran su capacidad de maniobra en mar abierto. Durante un buen tiempo, entonces, se emplearon barcos híbridos para la navegación oceánica, equipados con velas para surcar las aguas y propulsión con vapor

Rudolf Diesel

24

solo ante la ausencia de viento. La tecnología del motor de vapor no fue aceptada de inmediato para usos militares, puesto que los oficiales navales argumentaban que las grandes ruedas y el motor, ubicados en sectores visibles, se transformaban en blanco fácil para el enemigo. La solución llegó con la invención de las hélices para reemplazar las ruedas de paletas. Más tarde, la turbina de vapor desarrollada por el ingeniero británico Charles Parsons (1854-1931) cambió radicalmente el diseño de los barcos y las condiciones de navegación marítima.

A principios del siglo XX se incorporó el motor diésel, inventado por el ingeniero alemán Rudolf Diesel (1858-1913). Se trata de un conjunto térmico que funciona con una combustión interna alternativa como producto de una autoignición. Al contar con una alta relación de compresión, el combustible (gasoil, en este caso) se inflama rápidamente. El sistema se diferencia de los motores tradicionales ya que en estos el combustible se enciende por explosión. Esta característica resulta importante en un barco porque los motores diésel no necesitan bujías ni un sistema eléctrico que produzca la chispa necesaria para la detonación dentro de los cilindros. Se entiende que, en un entorno con mucha humedad y salinidad, los sistemas eléctricos pueden ser problemáticos. De esta manera, la fuerza motriz, producto de la presión en la mezcla de aire y gasoil, se transmite al eje de la hélice y posibilita el desplazamiento del barco.

Otro cambio trascendental en la ingeniería náutica fue el paulatino reemplazo de la madera por metales en la construcción de cuadernas (esqueleto del barco) y cascos. Las primeras embarcaciones que incorporaron planchas de cobre para forrar su obra viva (la parte sumergida del barco) fueron los clíperes, veleros rápidos de tres mástiles que tuvieron su apogeo a mediados del siglo XIX. El siguiente paso fue la utilización de una técnica mixta que combinaba cuadernas de hierro forjado y la quilla, las ruedas y el recubrimiento exterior de madera, como hasta entonces. Pocos años más tarde, los barcos que se botaban tenían el casco conformado por planchas de acero. La primera de estas embarcaciones fue la barcaza *Vulcan*, de 1819; en tanto que el primer acorazado completamente de hierro fue el *HMS Warrior* de la Marina británica, botado en 1861.

LA ENERGÍA NUCLEAR Y LA ENERGÍA SOLAR

Las más recientes innovaciones en los medios de navegación tienen que ver con la implementación de la propulsión nuclear, un sistema que generó enormes expectativas como tecnología de avanzada, pero con muchos riesgos potenciales. Aunque fue descartada para la navegación civil, se utiliza en buques y submarinos militares por su gran potencia y autonomía casi infinita.

Por otro lado, las sucesivas crisis generadas por la comercialización del petróleo llevaron a que investigadores e ingenieros desarrollaran modelos propulsados por energías renovables. Un ejemplo de ello es el *Turanor Planet Solar*, que utiliza paneles fotovoltaicos para aprovechar la energía solar. Si bien los récords alcanzados por esta embarcación son un claro ejemplo de lo que puede lograrse con esta tecnología, existen todavía ciertas dudas acerca de las reales posibilidades que poseen los barcos solares de reemplazar a los buques movidos por motores de combustión interna.

Antes de la creación de la brújula, la orientación en mar abierto se determinaba con la posición de los cuerpos celestes o con el apoyo de sondas. Sin embargo, estos métodos presentaban dificultades, como navegar con un cielo cubierto o en aguas demasiado profundas.

26

INSTRUMENTOS PARA NAVEGACIÓN Y LAS CARTAS NÁUTICAS

Un tronco ahuecado, un par de remos o un mástil y un trozo de paño no fueron suficientes para lanzarse al mar en busca de nuevas oportunidades. La necesidad de orientarse y tener un punto de referencia hacia donde dirigirse derivó en la invención de algunos instrumentos que permitieran lograr tal objetivo.

Un instrumento vital en las primeras incursiones por los océanos fue la brújula. Creada en China aproximadamente en el siglo IX, consistía en una aguja imantada que flotaba en una vasija con agua. Más adelante, fue mejorada con el reemplazo del recipiente con líquido por un eje rotatorio (para reducir el tamaño y facilitar su utilización) y con el agregado de una rosa de los vientos que sirvió de guía para calcular direcciones. Este símbolo, en

Réplica de un astrolabio medieval.

forma de círculo, presentaba marcados los cuatro rumbos en que se divide la circunferencia del horizonte: norte, sur, este y oeste. Conocida también como "compás magnético" en la terminología náutica, la brújula se utilizó en todas las embarcaciones hasta el siglo XX y aún se puede ver en algunos barcos.

El astrolabio también fue un instrumento importante para la navegación. Inventado por los griegos y desarrollado por los astrónomos árabes, se trató de un elemento que permitía determinar la posición y la altura de las estrellas sobre el cielo nocturno. El nombre "astrolabio" proviene del griego y significa "buscador de estrellas". Su función era ayudar a los navegantes a localizar los astros y observar sus movimientos para determinar la hora a partir de la latitud o, viceversa, para averiguar la latitud conociendo la hora. También sirvió para medir distancias por triangulación y fue muy utilizado para la navegación hasta la invención del sextante en 1750.

El sextante es un instrumento que permite medir la separación angular entre dos objetos.

Específicamente desarrollado por los árabes, el *kamal* era un instrumento para determinar la latitud en el entorno de la navegación marítima celeste. Se cree que fue inventado por los marinos indios para guiarse a lo largo de sus rutas comerciales en Oriente y que desde allí fue transmitido a los mercaderes árabes. Debido a que el *kamal* era útil en la práctica para medir solamente la altura de la estrella polar en latitudes ecuatoriales, se entiende su ausencia en Europa, donde necesariamente se utilizaban otros instrumentos. Típico de Europa es, en cambio, el limbo graduado, que consistía en una pieza circular giratoria con marcas que indicaban las subdivisiones correspondientes a los 360°, dentro de los cuales estaban incluidos los puntos cardinales.

El sextante es un instrumento que reemplazó al astrolabio. Permite medir la separación angular entre dos objetos, por ejemplo, dos puntos en la costa o un astro (por lo general el sol) y la línea del horizonte. Si se conoce la elevación del sol y la hora del día, se puede determinar la latitud del punto donde se encuentra el observador. Su nombre proviene de la escala que presenta el instrumento, que abarca un ángulo de 60° (un sexto del círculo completo). En la actualidad, los sextantes se encuentran obligatoriamente en los buques y son muy utilizados a pesar de otros sistemas más modernos, como el GPS.

A medida que los navegantes adquirieron experiencia, los datos obtenidos en cada viaje mediante los diferentes instrumentos fueron volcados en documentos que también son vitales para la navegación: las cartas náuticas. Estas representaciones a escala de las aguas navegables y regiones terrestres adyacentes estaban impresas y constituían un compendio de la información disponible hasta ese momento.

Profundidades marinas, naturaleza del fondo, detalles de la costa, altura del terreno, puertos, localización de luces, faros y puntos peligrosos ayudaban a los navegantes a trazar derrotas y seguir en forma constante y regular la posición de su embarcación. Pese a que la representación de un entorno esférico en una superficie plana producía cierta deformación de la realidad, esta primitiva cartografía fue de gran utilidad para los primeros marinos, quienes, al regresar de cada viaje, transmitían sus hallazgos con el fin de actualizar la información existente.

Las cartas náuticas han sido y son una ayuda imprescindible para los navegantes.

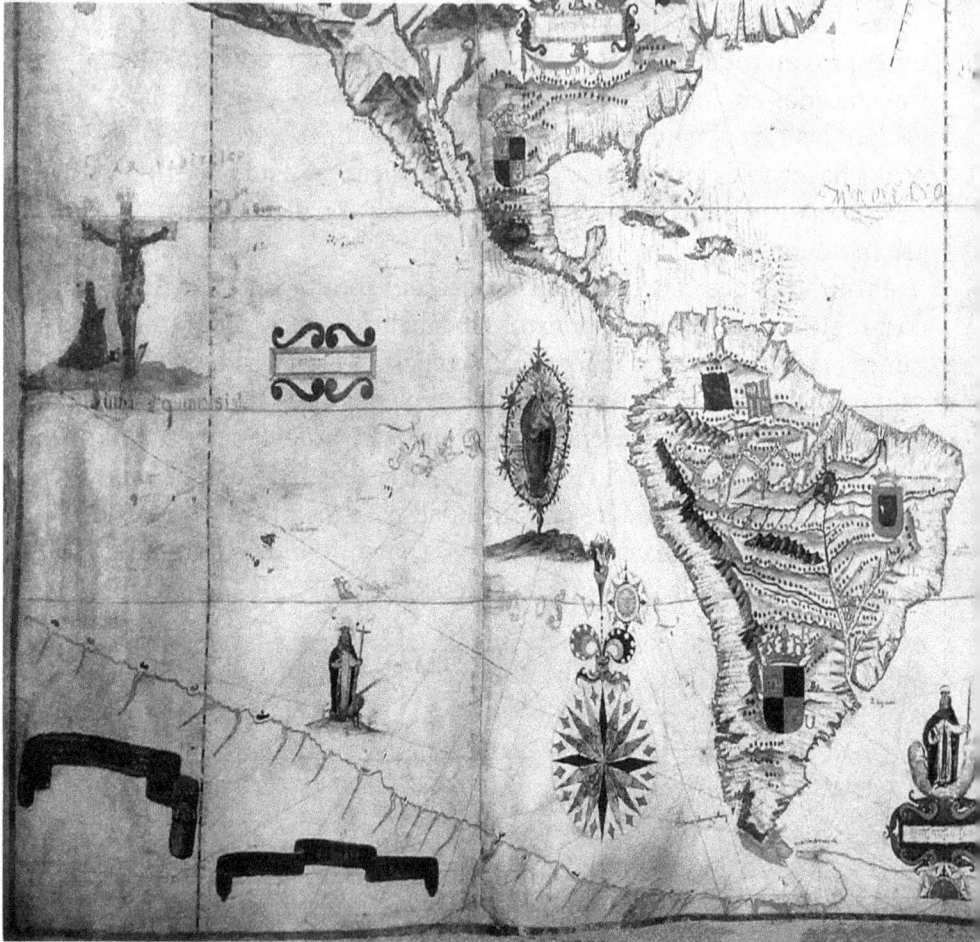

Mapa antiguo del imperio marítimo y colonial español y portugués en el siglo XVII.

LAS RUTAS MARÍTIMAS

Se conoce con el nombre de "rutas comerciales" a todos aquellos enlaces geográficos entre los centros de producción de mercancías y sus lugares de consumo. Varios de estos trayectos fueron reconocidos a lo largo de la historia: la ruta de la seda enlazaba China con el imperio islámico y culminaba en Europa; la ruta de las especias, que en principio fue terrestre y luego marítima, unía puntos tan distantes como China, India y Oceanía con Europa; y la ruta de la Nueva España conectaba los dominios peninsulares de ultramar (en América y Asia) con el Viejo Continente.

Desde tiempos antiguos, los viajes marítimos fueron el mejor medio de comunicación entre pueblos lejanos. Existen testimonios que indican que en el siglo xxv a.C. hubo expediciones marítimas asirias hasta el extremo más occidental de Europa en busca de estaño y, posteriormente, hay relatos de travesías egipcias, fenicias y persas con el mismo objetivo. En el siglo xvi a.C., los egipcios viajaban hasta el país de Punt (actual Somalia) a través del mar Arábigo con intenciones comerciales. Quinientos años más tarde, los fenicios hicieron cabecera en Europa al fundar Cádiz y se aventuraron hasta las islas británicas también en la búsqueda de metales.

Historias y leyendas populares hablan del viaje de circunnavegación al África en el siglo VII a.C. del faraón Necao II, quien,
según Heródoto (484 a.C.-425 a.C.), unió el río Nilo con el
Mediterráneo y llegó por el océano Atlántico hasta el Mar Rojo;
así como de la travesía del marino Piteas (350 a.C.-285 a.C.), que
desde Grecia llegó al país del Ámbar sobre el Mar Báltico. En el
siglo VIII de nuestra era, monjes de lo que hoy es Irlanda arribaron
a Islandia, y en 986 el conquistador Eric el Rojo (950-1003) estuvo
en Groenlandia. Otro vikingo, Leif Erikson (970-1020), afirmó en
el año 1000 haber avistado las costas de la región que denominó
Vinland, en América del Norte.

Varias de las rutas que se utilizaron por aquellos años fueron
establecidas por los árabes, quienes habían organizado una amplia
red comercial en regiones de Asia, África y Europa. En el siglo XII,
los puertos del sultanato de Ajuran, con base en el océano Índico,
tenían intensa actividad debido a los barcos que navegaban desde
y hacia Arabia, India, Venecia, Persia, Egipto, Portugal y China.

En el Lejano Oriente, desde comienzos del siglo XV, el almirante
y explorador chino Zhen He (1371-1433) realizó 7 grandes travesías
por el sudeste asiático, Persia, India, el Golfo Pérsico, el Mar Rojo,
hasta el norte de Australia, con barcos que medían 135 m de eslora,
portaban 9 mástiles con 12 velas cuadradas y tenían capacidad para
transportar hasta 500 tripulantes. Entre fines de la Edad Media y
el siglo XVIII, el Mar Báltico fue escenario de diversas expediciones, en las que no faltaron incursiones violentas ni actos de pirate-
ría, atribuidos a la Liga Hanseática, una alianza de agrupaciones del
norte de Alemania, Países Bajos, Suecia, Polonia y Rusia que mantuvo un monopolio comercial en la región. Su predominio estuvo
activo hasta la llegada de los mercaderes holandeses e ingleses a
partir de los primeros años del siglo XIX.

La denominada "era de los descubrimientos" fue un período,
entre el siglo XV y el XVII, en el que los barcos europeos viaja-
ron alrededor del mundo en busca de nuevas rutas para ampliar el
intercambio comercial. Quizás los viajes más relevantes fueron los
que realizó Cristóbal Colón a través del océano Atlántico en busca
de las Indias orientales. Estos abrieron las puertas a la exploración
y la conquista de todo un continente, hoy conocido como América.

A partir del siglo XIX, miles de marinos navegaron entre la costa este de Estados Unidos y Gran Bretaña, Francia, el Báltico y el Mediterráneo, e hicieron del tráfico marítimo un negocio para el transporte de todo tipo de mercaderías y pasajeros. Sin embargo, la vida a bordo por esos años carecía del confort que podía encontrarse en tierra firme (o en los cruceros actuales). Para tener una idea, en el año 1800 un viaje entre Nueva York y China podía durar como mínimo un año y como máximo dos.

Hacia fines del siglo XIX y comienzos del XX, muchas de las antiguas rutas comerciales se vieron alteradas gracias a la intervención del ser humano para sortear obstáculos geográficos. En 1869 se inauguró el Canal de Suez, que une el Mar Rojo y el Mediterráneo, y en 1914 quedó habilitado el Canal de Panamá, que une el mar Caribe con el océano Pacífico. Ambas obras de ingeniería establecieron nuevas rutas que disminuyeron definitivamente los tiempos y los riesgos de las travesías marítimas entre diferentes continentes.

33

LA VIDA EN ALTA MAR

En épocas en las que el intercambio comercial entre ambas costas del océano Atlántico era incesante, miles de veleros efectuaban viajes transportando mercaderías, pero también personas como parte de la tripulación o como pasajeros. Como los viajes duraban meses, las comunicaciones con el hogar dependían del intercambio de cartas que se realizaba en los puertos donde el barco hacía escala. Para el capitán de un barco mercante, su primera responsabilidad era la comunicación con los propietarios de la nave, luego debía preocuparse por la mercancía transportada y por último era responsable por la tripulación. Para que el barco navegara día y noche, la tripulación se dividía en dos guardias (por lo general, identificadas con los nombres de babor y estribor). Cada grupo ejecutaba turnos alternos de 4 horas que comenzaban a la medianoche. Las actividades más frecuentes en el día a día eran: izar las velas (de 15 a 18, de acuerdo con la cantidad de mástiles), dirigir la nave con el timón o rueda de gobierno, eliminar el agua acumulada en las sentinas de la parte más baja de la nave, mantener el orden en las cubiertas, reparar los daños causados por los fenómenos meteorológicos o por el desgaste, y obviamente, levar anclas antes de partir. En las horas de descanso, los marineros se dedicaban a las tareas de higiene personal o al mantenimiento de sus pertenencias (lavar la ropa, por ejemplo), además de leer, escribir, ejecutar algún instrumento o tallar madera. La comida a bordo no era de las más ricas ni saludables. Al no haber refrigeración, la carne se conservaba salada o en latas, mientras que el pan se transformaba en una galleta muy dura.

Los clíperes fueron determinantes en el desarrollo de la marina mercante durante buena parte del siglo XIX.

Representación del *Siracusia* de 1798.

LOS PRIMEROS GRANDES BARCOS

A lo largo de la historia fueron muchas las embarcaciones que se destacaron por ser diseñadas y construidas con las más avanzadas tecnologías de la época. Tanto en tiempos remotos como en la era moderna, esas naves marcaron un antes y un después, y se convirtieron en una referencia. En este caso, vamos a mencionar dos ejemplos: el *Siracusia*, el barco más grande de la Antigüedad, y el *Titanic*, la mayor máquina móvil construida hasta principios del siglo xx.

Fue tal el tamaño del *Siracusia* que no se construyó otro de similares dimensiones hasta el siglo xix. Su diseño fue obra del físico y matemático Arquímedes (287-212 a.C.) a pedido del

EL *RMS TITANIC* EN NÚMEROS

4 chimeneas de casi 20 m de altura (solo una para ventilación).

4 generadores de 400 kW que producían 16.000 A y 100 V.

5 calderas independientes que actuaban para la hélice principal.

15 t pesaba el ancla y 80 kg cada eslabón de la cadena.

24 calderas principales en la sala de máquinas que se encargaban de mover las 2 hélices laterales.

24 m de altura y 100 t de peso del timón, movido por un par de motores de vapor.

271 m de eslora (prácticamente como la altura de la torre Eiffel).

320 km de cables eléctricos para llevar luz a un total de 10.000 lamparitas.

2.000 placas de acero de 10 m x 2 m cada una, 4 cm de grosor y 3 t de peso, para el casco.

3.000 operarios trabajaron en la construcción durante 2 años.

55.000 hp de potencia combinada para el desplazamiento.

3.000.000 de pernos de una pulgada de diámetro.

130.000.000 de euros actuales fue el costo total.

tirano Hierón II de Siracusa (306-215 a.C.). Los relatos de la antigua Grecia dicen que medía 110 m de eslora y 14 m de manga, un tamaño gigantesco que requirió el trabajo de 300 artesanos durante un año para terminar de darle forma. Tenía una capacidad de carga de hasta 1.800 toneladas (t), donde se podían acomodar 1.940 personas entre tripulación, pasajeros (contaba con 142 camarotes) y soldados para el combate, además de unos 20 caballos en sus respectivos establos. Para su construcción se emplearon abetos, pinos y robles del monte Etna, cuerdas de esparto de Cartagena en Hispania, cáñamo y alquitrán del Ródano, en la Galia. El total del material empleado hubiera servido para construir 60 trirremes de guerra para la flota naval griega. Entre sus comodidades, como si fuera un lujoso crucero de la actualidad, disponía de sauna, gimnasio, biblioteca, sala de dibujo, jardines y hasta un templo dedicado a Afrodita Pontia. La decoración incluía maderas nobles, gemas preciosas, mosaicos con relatos históricos, estatuas, pinturas y objetos artísticos. La cubierta estaba comprendida por 3 puentes, 8 torres defensivas para 4 hombres y 2 arqueros en cada una, y una catapulta de importantes dimensiones. Una vez finalizado, el *Siracusia* era tan grande en su calado que ningún puerto de Sicilia estuvo en condiciones de recibirlo, por lo que Hierón II se lo regaló a Ptolomeo III Evergetes (282-222 a.C.), rey de Egipto. Cuenta la leyenda que, en ese viaje hacia Alejandría, el

El *RMS Titanic* desafió los límites
de la ingeniería, pero terminó
sus días trágicamente.

gigantesco barco se hundió en aguas
cretenses y ninguna fuente histórica
volvió a mencionarlo nunca más.

Son notables las similitudes que
presentó el *Siracusia*, del que solo se
tienen referencias históricas, con lo
acontecido muchos años después con
el *RMS Titanic*, un coloso que también
desafió los cánones de la ingeniería y
terminó hundido en su primer viaje,
el 15 de abril de 1912, 5 días después de haber partido del puerto de
Southampton. Su nombre oficial hacía
referencia a la denominación Royal
Mail Ship, un identificador para barcos de vapor utilizados para el transporte del correo postal, y formó parte
de un trío de majestuosos transatlánticos encargados por la empresa White
Star Line.

El tamaño del *RMS Titanic* era tan
grande que debieron realizarse nego-
ciaciones con el Consejo del Puerto
de Nueva York para ampliar el muelle,
ya que no era lo suficientemente largo
para permitir que atracara. Durante las
pruebas de navegación previas al primer viaje, se comprobó que navegando
a toda máquina (unos 24 nudos) necesi-
taba 3,6 km para frenar y poner reversa
desde el momento en que se daba la
orden de invertir el giro de las hélices.

39

INMIGRANTES A BORDO

A mediados del siglo xix, la vida a bordo de un barco con inmigrantes que realizaba el cruce del océano Atlántico era definitivamente lamentable. Los armadores y sus agentes sobrevendían los espacios de cada nave, pues su único interés era llenarlo con el máximo de pasajeros posible. Las personas viajaban apiñadas en espacios insanos durante una travesía de hasta 6 semanas y estaban expuestos a contraer enfermedades. Debido a que en esa época existía poco control gubernamental para garantizar que los viajeros recibieran una atención adecuada, los barcos con inmigrantes británicos mostraban a menudo menos cuidado con los pasajeros que con los delincuentes que trasladaban por buque hacia Australia. En 1803, la Ley de Buques de Pasajeros de Gran Bretaña limitó el número de pasajeros a 1 por cada 2 t de registro. En 1819, Estados Unidos promulgó leyes más estrictas que obligaban a cumplir una proporción de 2 personas por cada 5 t de registro, con multas elevadas en caso de que llegara a puerto un barco con exceso de pasajeros. Finalmente, otra ley promulgada en febrero de 1847 aumentó aún más el espacio concedido a los pasajeros.

LA NAVEGACIÓN COMERCIAL

Recién al finalizar la Segunda Guerra Mundial, el transporte transoceánico de carga y de pasajeros encontró un rival en términos de rapidez y eficiencia: el avión. Hasta ese momento, el comercio entre continentes se venía realizando pura y exclusivamente por vía marítima, pero la competencia con el transporte aéreo obligó a las empresas navieras a renovar los grandes buques utilizados hasta entonces. Su tamaño fue *in crescendo*, y su diseño fue cada vez más específico. De este modo, la mayoría de los transatlánticos de antaño se convirtieron en cruceros, y los buques de carga general fueron reemplazados por distintos tipos de naves, cada una con una finalidad específica. Entonces surgieron los petroleros y superpetroleros con capacidad de carga de más de 500.000 t, los portacontenedores que superan holgadamente la cantidad de 20.000 unidades, los denominados *bulk carriers* graneleros diseñados para la carga de sólidos secos (cereales o minerales), los buques tanque especializados como gaseros y metaneros (para llevar gas natural licuado) y los denominados *heavy lift*, semisumergibles de carga pesada que permiten transportar grandes volúmenes, como una plataforma petrolera o incluso otros buques.

Un gran buque descarga
petróleo crudo en el puerto.

LOS BUQUES SUPERPETROLEROS

Los Ultra Large Cruce Carrier
(ULCC) o Transportes Ultra
Grandes de Crudo surgieron a
raíz de la Guerra de los Seis Días
que enfrentó a Israel con una
coalición formada por Egipto,
Jordania, Iraq y Siria, en junio
de 1967. El cierre del Canal de
Suez desde que estallaron las
hostilidades hasta junio de 1975
trajo como consecuencia la construcción de grandes petroleros
capaces de transportar enormes
cantidades de petróleo crudo
bordeando el cabo de Buena
Esperanza.

En 1977, el primer ULCC en
alcanzar las 500.000 t de carga
fue el *Esso Atlantic*, con 406 m de
eslora y una velocidad máxima de
15,6 nudos. Le sucedió el *Pierre
Gillaumat*, con 414 m de eslora
y una capacidad de 555.000 t.
Debido a su calado, podía ama-
rrar en pocos puertos del mundo
y no estaba capacitado para navegar por el Canal de Suez ni el de
Panamá. Construido entre 1976
y 1979 en Francia, el *Batillus*

Tank fue actualizado en 1981 para alcanzar los 414 m de longitud. Además de transportar petróleo, realizó ocasionales viajes con maquinaria pesada. Sin embargo, a pesar de ser considerados los verdaderos gigantes del mar, ninguno de estos tres superpetroleros se acerca al volumen ni a la historia del *Seawise Giant*.

EL *SEAWISE GIANT*

El *Seawise Giant* entró en los archivos navales por ser el barco más largo jamás construido, pero también es reconocido por su particular historia y por haber contado con 6 nombres diferentes. Fue encargado en 1974 por un armador griego al astillero japonés de Sumitomo Heavy Industries con base en Oppama. Sus medidas originales eran de 396 m de longitud y 60 m de ancho, con una capacidad de 418.611 toneladas. Para tener una referencia de su tamaño, medía 15 m más que el Empire State Building, y en su bodega podía albergar hasta 4 catedrales de San Pablo. Sin embargo, por razones que nunca se determinaron (escasez de fondos, problemas de vibraciones del buque, reapertura del Canal de Suez), el armador griego no aceptó la entrega del buque. Bautizado con el nombre de *Oppama*, el barco esperó en el astillero por un dueño hasta que apareció Tung Chao Yung (1912-1982), un magnate de Hong Kong fundador y propietario de la línea Orient Overseas Container Line (OOCL). Antes de retirarlo del astillero, el nuevo dueño solicitó un aumento en el tamaño para llegar a los 458 m de eslora y a las 564.763 t de peso muerto para convertirlo en el barco más grande jamás construido. De esta manera, alcanzó las 657.019 t de desplazamiento, con 24,6 m de calado, 46 tanques para el transporte de petróleo crudo (una capacidad equivalente a 4,1 millones de barriles), 31.541 m² de cubierta, un timón de 230 t y una hélice de 50 toneladas. ¡Sencillamente gigantesco!

Pese a alcanzar una velocidad de 16,5 nudos, sus dimensiones impedían que navegara por el Canal de la Mancha, el Canal de Suez o el Canal de Panamá. Se requerían 9 km para detenerlo completamente una vez alcanzado su régimen máximo y el círculo de giro tenía un diámetro de 3 kilómetros. Entró en servicio para su flamante propietario en 1981, rebautizado como *Seawise Giant*, y se dedicó al transporte de petróleo crudo de Oriente medio a Estados

A lo largo de su historia, desde que fue encargado en1974 hasta su desmantelamiento en 2010, el Seawise Giant fue bautizado seis veces.

Unidos. En mayo de 1988, durante el conflicto bélico entre Irán e Iraq, y mientras se encontraba en la isla iraní de Larak haciendo las veces de almacén flotante de petróleo crudo, fue atacado por aviones de la fuerza aérea iraquí. El buque ardió y, aunque no se hundió por completo en las aguas del estrecho de Ormuz, quedó prácticamente inservible.

Al culminar la guerra, una compañía del grupo Norman International decidió rescatarlo. Tras ser remolcado hasta el astillero de la Keppel Company en Singapur, fue reparado y renombrado como *Happy Giant*. Poco antes de entrar nuevamente en servicio, la Keppel Company pasó a manos del empresario noruego Jörgen Jahre (1907-1998) y el nombre del buque volvió a modificarse, esta vez como *Jahre Viking*.

47

Por los siguientes 10 años el superpetrolero se dedicó a su tarea de transporte de petróleo crudo, no sin antes penar bastante debido a su tamaño, que en muchas ocasiones fue más un inconveniente que una ventaja. Fue así como navegó por los mares de todo el mundo bajo bandera noruega con una tripulación de 40 hombres. En 2004, la nave fue adquirida por la empresa First Olsen Tankers, rebautizado como *Knock Nevis* y, tras una nueva reforma en los astilleros de Dubai Drydocks, pasó a servir como unidad de almacenamiento y descarga flotante en el campo petrolero de Al Shaheen, en la costa de Qatar. La vida útil de este gigante de los mares llegó a su fin en 2010, cuando fue vendido a un astillero indio en Gujarat para ser desguazado en las playas de Alang. En ese último viaje, de Qatar a India, recibió el nombre de *Mont*. El trabajo de desmantelamiento demoró más de un año y muchas de sus piezas fueron vendidas para ser reutilizadas. En la actualidad, el único recuerdo físico del que fuera el barco más grande jamás construido se encuentra expuesto en el Museo Marítimo de Hong Kong y es su inmensa ancla, con un peso de 36 toneladas.

COMPARACIÓN DEL TAMAÑO DEL JAHRE VIKINGS CON OTRAS EMBARCACIONES.

1. Portaaviones clase Nimitz, 333 m
2. Superpetrolero Jahre Viking, 458 m
3. Carabela Santa María, 36 m
4. Velero de regata, 20 m
5. Crucero MS Queen Elizabeth, 294 m
6. Submarino clase Typhoon, 175 m
7. Ballena azul, 25 m
8. Velero France II, 142 m

1

3

4

8

LOS BUQUES PORTACONTENEDORES

El origen de los buques portacontenedores se remonta al año 1965, cuando el empresario Malcom McLean (1913-2001) adquirió una compañía de barcos de vapor para transportar remolques de camión cargados con mercancías entre Estados Unidos y Puerto Rico. El suceso comercial alcanzado por McLean derivó en el nacimiento de la firma International Sealand, actualmente la gigantesca Maersk-Sealand, que posee más de 500 barcos y cerca de 1.500.000 contenedores. Cuando se comprobó que el sistema de remolques podía reemplazar a los tradicionales buques de carga, no tardaron mucho en aparecer los primeros barcos diseñados específicamente para este propósito. Sin embargo, en vez de transportar acoplados con ruedas en sus bodegas, se estandarizó la utilización de contenedores que podían ser manipulados por medio de grúas. De este modo nació la unidad de medida *teu* (proviene de *Twenty-foot Equivalent Unit*, que significa "unidad equivalente a veinte pies"). Una teu es la capacidad de carga de un contenedor normalizado de 20 pies de longitud (6,1 m), 8 pies de ancho (2,4 m) y 8,5 pies de altura (2,6 m). Es decir, alrededor de 23 toneladas.

50

Los primeros buques contenedores podían llevar 200 *teu*, y su desarrollo fue relativamente lento. Hasta 1968 solamente se habían construido 18 buques, con una capacidad máxima de hasta 1.500 contenedores en algunos de ellos. Cuando se alcanzó el pico de 5.000 contenedores (aproximadamente por el año 1985), las autoridades del Canal de Panamá impusieron limitaciones: el tamaño del casco no podía exceder los 294,1 m de eslora, los 32,3 m de manga, y los 12 m de calado.

En 1996 entró en funcionamiento el Regina Maersk, un buque portacontenedores de 318 m de eslora, 42 m de manga y 14,5 m de calado que podía transportar una carga de 6.400 teu (unidad equivalente a 20 pies)

La vigencia de los barcos Panamax (tal el nombre que recibieron al apegarse a la limitación) duró hasta 1996, cuando la empresa Maersk se destacó del resto y puso en funcionamiento el *Regina Maersk*, un buque portacontenedor es de 318 m de eslora, 42 m de manga y 14,5 m de calado que podía transportar una carga de 6.400 *teu*.

Actualmente, la carrera por poseer el título del mayor buque portacontenedores del mundo es cada vez más reñida. Las grandes navieras internacionales se esfuerzan constantemente por botar embarcaciones con capacidades para transportar el mayor volumen de mercancías posible.

LA GENERACIÓN TRIPLE E DE MAERSK-SEALAND

La empresa holandesa Maersk-Sealand es reconocida por el tamaño de sus navíos, diseñados para unir Europa y Asia. Cualquiera de sus barcos, con unas medidas básicas que están en el orden de los 400 m de longitud y motores que brindan una potencia superior a los 100.000 CV (caballo de vapor), puede llevar como mínimo 18.000 contenedores. De los modelos actualmente en servicio se destacan los barcos de la segunda generación Triple E. En total son 11 buques portacontenedores que llevan por nombre ciudades emblemáticas que preceden a la identificación Maersk. Todos fueron construidos por el astillero surcoreano Daewoo Shipbuilding & Marine Engineering y cuentan con una capacidad de 20.568 contenedores.

LA GENERACIÓN G-CLASS DE OOCL

La compañía Orient Overseas Container Line (OOCL) presentó, entre 2017 y 2018, la generación G-Class de buques portacontenedores que pueden llevar hasta 21.413 *teu* de capacidad nominal. Construidos en el astillero de Samsung Heavy Industries, en Corea del Sur, a un costo global de 865 millones de euros, tienen una eslora de 399,87 m, una manga de 58,8 m y un peso muerto de 191.475 toneladas. Los barcos de la G-Class cubren el trayecto entre Asia y el norte de Europa (una de las rutas marítimas más largas del mundo) y sus nombres son: *Hong Kong, Germany, Japan, Scandinavia, United Kingdom* e *Indonesia*, todos precedidos por la sigla OOCL.

De los modelos actualmente en servicio para la línea Maersk-Sealand se destacan los barcos de la segunda generación Triple E, como el *Madrid Maersk*.

EL *CMA CGM JACQUES SAADÉ*

En 2017 entraron en servicio los primeros portacontenedores de 20.000 *teu*, como el *Aries*, botado por la Cosco Shipping. A continuación llegaron el *MOL Triumph* (20.170 contenedores) y el *Madrid Maersk* (20.568 contendores).

Durante 2019, la naviera Mediterranean Shipping Company (MSC) reclamó el primer puesto para su *MSC Gülsün*, de 23.000 *teu*, pero en poco tiempo la G-Class de OOCL coronó a su flota de 6 barcos como los nuevos gigantes del mar. Sin embargo, el 25 de septiembre de 2019 se botó en el astillero de la China State Shipbuilding Corporation (CSSC), el *CMA CGM Jacques Saadé*, el primer barco de una serie de 9 portacontenedores con una capacidad de 23.112 *teu*. Encargado por la compañía francesa CMA CGM Group, el buque tomó el nombre del fundador de la compañía y tiene unas dimensiones de 400 m de eslora, 61,3 m de manga, 16 m de calado y

un peso muerto de 220.000 toneladas. Más allá de su tamaño, se trata de un gran avance tecnológico que ilustra el compromiso del grupo armador con la transición energética, pues es el primer barco en su tipo totalmente alimentado por gas natural licuado (GNL). Esta alternativa para la propulsión contribuye a la protección del medio ambiente con una reducción en la emisión de dióxido de carbono de hasta el 20%.

El *CMA CGM Jacques Saadé* se construyó en torno a un tanque de 18.000 m³ de GNL, necesarios para los viajes de ida y vuelta entre Asia y Europa. Un recubrimiento interno de acero inoxidable hace que el tanque resista las temperaturas extremas (de hasta -161°C) necesarias para mantener el gas en estado líquido. Las capas de aislamiento están equipadas con sensores de alta tecnología para garantizar sus condiciones de almacenamiento y cumplir con los requisitos de seguridad.

CM

Uno de los buques de la empresa CMA CGM Group descargando contenedores en el puerto de Hamburgo, Alemania.

El *Blue Marlin* puede transportar plataformas petroleras,
portaaviones y hasta otros barcos de grandes dimensiones.

El flamante buque portacontenedores también fue diseñado
para lograr una hidrodinámica que optimice su eficiencia energética. El bulbo está integrado al perfil del barco, así como la hélice
y la pala del timón, mientras que como novedad cuenta con una
tobera previa a la hélice que mejora el flujo de agua.

El puente de mando también tiene innovaciones de última
generación, en especial en lo que se refiere a la navegación y las
comunicaciones: una interfaz mejorada proporciona sesiones
informativas más dinámicas en el estudio de las cartas náuticas;
un programa predictivo anticipa y recomienda en línea las manio-
bras a realizarse en relación con la posición, la velocidad de marcha y la velocidad de giro para un mejor rumbo de la embarcación;
en tanto que un sistema de proyección del tipo "ojo inteligente"
permite visualizar el buque en su entorno inmediato para facilitar
las operaciones portuarias.

58

LOS BUQUES *HEAVY LIFT*

Un *heavy lift* es un buque semisumergible que sirve para el transporte de grandes cargas que no pueden acomodarse en barcos
convencionales. Pueden llevar plataformas petroleras, buques
y submarinos dañados o radares gigantes. Disponen de tanta
potencia y capacidad que pueden transportar 300 viviendas a la
vez. Su origen se remonta a la década de 1920, cuando la compañía naviera DDG Hansa con sede en Bremen, Alemania, encargó
la construcción del *SS Lichtenfels* para enviar locomotoras ensam-
bladas de Gran Bretaña a la India. Luego de la Segunda Guerra
Mundial, la compañía se especializó en el transporte de cargas
pesadas y fue la promotora para que más tarde se fundaran firmas similares como Jumbo, Mammoet Shipping (actual BigLift
Shipping) y SAL Heavy Lift.

59

EL *BLUE MARLIN*

El buque *MV Blue Marlin*, operado por la compañía holandesa Dokwise, es un gigante semisumergible que posee el tamaño de dos canchas de fútbol americano. Construido por el astillero China State Shipbuilding Corporation en 1999, fue remodelado por la Hyundai Mipo Dockyard en 2004.

Con 225 m de eslora por 63 m de manga, el buque dispone de una cubierta de más de 11.000 m² para transportar cargas de hasta 75.000 toneladas. Como cualquier *heavy lift*, la variada carga del *Blue Marlin* puede comprender plataformas petroleras, portaaviones y hasta otros barcos de grandes dimensiones. ¿Pero cómo lo hace? En la operación de carga, el buque completa sus tanques de lastre para sumergirse. Para ello requiere 4 bombas que aportan un total de 13.200.000 l por hora. Su calado pasa entonces de los 10 m a los 30 m (razón por la que debe operar en puertos profundos). Al quedar al mismo nivel, se procede a la carga del objeto a transportar y, una vez finalizada la operación, se vacían los lastres hasta alcanzar el calado normal de navegación. Sus motores le permiten generar una potencia de casi 17.000 hp, suficientes para desplazarse a una velocidad crucero de 13 nudos, con una autonomía de 25.000 millas náuticas (46.000 km). Más allá de la capacidad de carga, el *Blue Marlin* cuenta con instalaciones para alojar a 60 personas en 38 camarotes, con servicios adicionales y de confort, ya que cuenta con sauna, piscina y gimnasio.

EL *BOKA VANGUARD*

Otro ejemplo de semisumergible de grandes dimensiones es el *BOKA Vanguard*, construido por Hyundai Heavy Industries en Corea del Sur pero diseñado por la naviera holandesa Royal Boskalis Westminster NV, dedicada a ofrecer servicios de rescate, reparación, remolque y transporte de buques en alta mar.

El barco posee una gran cubierta de 275 m de eslora por 70 m de manga, sin proa, y con 4 estructuras verticales en las esquinas, que incluyen 2 torres de 79 m de altura. La ausencia de la habitual superestructura en proa permite la carga de elementos más largos que la eslora del buque. El puente, los espacios para la tripulación y los equipos de máquinas se encuentran en la estructura vertical situada en proa, en estribor.

Una de las operaciones más resonantes efectuadas por el *BOKA Vanguard* aconteció durante 2019, cuando se encargó de transportar el transatlántico *Carnival Vista* hasta un astillero para su reparación. El *Carnival Vista* es un coloso de 325 m de eslora, con un peso de 133.500 t, 15 cubiertas y la capacidad de transportar a cerca de 5.500 personas entre tripulación y pasajeros. Gracias a una capacidad de carga de hasta 110.000 t, el *BOKA Vanguard* llevó el *Carnival Vista* hasta un dique seco en las Bahamas, donde fue reparado sin abandonar la cubierta del transporte. Tan solo 5 días después, ambos barcos volvieron al mar y el enorme transatlántico fue liberado.

EL *HÖEGH TARGET*

Sin la necesidad de sumergirse para incorporar su carga, los barcos Transporte de Autos y Camiones (en inglés, PCTC o *Pure Car Truck Carrier*) cuentan con la capacidad de llevar en su interior miles de vehículos distribuidos en diferentes cubiertas.

El primer antecedente de este tipo de buques se remonta a 1965, cuando la compañía japonesa Mitsui OSK Lines (MOL) botó el *Oppama Maru* con una variada capacidad de carga que incluía cereales, minerales a granel y 1.200 vehículos. La creciente necesidad de transportar automóviles exportados desde Japón al resto del mundo hizo que se especializara el diseño de algunos barcos adaptándolos a *Pure Car Carrier* (PCC). Para ello, los barcos prescindían de su grúa de carga y montaban entrepuentes muy bajos que permitían aumentar la cantidad de cubiertas.

El primer buque especializado en el transporte de automóviles, botado en 1968, fue el *Toyota Maru Nº 1* de la empresa K Line, con una capacidad de 1.250 vehículos. En 1970, el *European Highway* de la misma línea permitió llevar 4.200 automóviles; en tanto que, dueña de la idea, la línea MOL no quiso quedar fuera del negocio y presentó en 1971 el *Canadá Maru*, con capacidad para 2.000 vehículos. Cuando, además de automóviles, estos barcos se especializaron en llevar maquinaria de construcción y agrícola, los PCTC se adaptaron con la posibilidad de alterar la altura de sus cubiertas para alojar vehículos de diferentes tamaños.

En la actualidad, el *Höegh Target* integra el listado de buques PCTC con una capacidad de hasta 8.500 automóviles repartidos en 14 cubiertas, que suman 71.400 m². Para su diseño, realizado por las firmas Deltamarin y Höegh Autoliners, se tuvo en cuenta la máxima eficiencia energética mediante la optimización de las formas de su casco. Las emisiones de dióxido de carbono del *Höegh Target* equivalen aproximadamente al 50% (por coche transportado) de la contaminación originada por un PCTC convencional. Es el primero de una serie de 6 buques similares que se entregaron entre 2015 y 2016.

El *Höegh Target* mide 199,9 m de eslora y 36,5 m de manga, por lo que la superficie de cada cubierta es de 7.200 m². La rampa de acceso soporta una carga de hasta 75 t y su capacidad de carga es de hasta 120 autos por hora.

LOS CRUCEROS DE PLACER

Desde mediados del siglo xx, las mejores condiciones económicas de una parte de la población mundial favorecieron el crecimiento de los viajes de turismo y placer. En muchos países, personas de las clases media y alta aprovechan cada año el período de vacaciones para embarcarse hacia destinos desconocidos.

Aquellos transatlánticos que, al comienzo, sirvieron para transportar inmigrantes de todos los rincones del mundo en busca de una nueva vida en otras naciones, se convirtieron en lujosos buques cuando la situación económica así lo permitió. Su constante evolución los llevó a transformarse en los actuales cruceros, barcos de grandes dimensiones y con una organización similar a la de los complejos hoteleros donde el viaje en sí mismo es parte fundamental de la recreación.

Ahora, muchos descendientes de aquellos inmigrantes aprovechan el auge de los cruceros para realizar el viaje inverso y conocer el lugar de origen de sus ancestros.

LA LÍNEA C

Una vez culminada la Segunda Guerra Mundial, la compañía Costa Cruceros inició sus viajes transportando pasajeros desde Europa hasta América. En 1948, el interior de los buques *Anna C* y *Andrea C* fue modificado con la incorporación de camarotes especiales y otras comodidades, como barras de bebidas y piscinas. Al poco tiempo, el *Franca C* se transformó en el primer buque de pasajeros enteramente concebido como crucero, con baño privado en todas sus cabinas y completamente climatizado. A partir de entonces, la mundialmente reconocida Línea C fue toda una referencia con respecto a los cruceros de placer.

LA FAMILIA OASIS

66

Actualmente, los barcos más grandes construidos para el transporte de pasajeros son destinados pura y exclusivamente a viajes de crucero. La familia de cruceros Oasis, que pertenecen a la empresa naviera Royal Caribbean, posee los barcos más grandes: el *Oasis of the Seas*, el *Allure of the Seas*, el *Harmony of the Seas* y el *Symphony of the Seas*. Fueron construidos en los astilleros de la empresa STX Europe de Turku, Finlandia y se encuentran operativos desde 2009.

En su diseño se evidencian notables adelantos en ingeniería y construcción naval. Con 361 m de eslora, los barcos Oasis cuentan con un promedio de 16 a 18 cubiertas y 5.200 camarotes para alojar 6.300 pasajeros, además de una tripulación de 2.150 personas. Se caracterizan por disponer de dos grandes *promenades* o paseos, uno exterior y otro interior, que tienen la extensión de un campo y medio de fútbol cada uno. El paseo exterior está ambientado con plantas y decoración natural, con cafés y bares creados en un entorno que simula los establecimientos gastronómicos de las grandes ciudades. El paseo interior, ubicado por debajo de la cubierta exterior, también tiene bares, restaurantes y áreas públicas y de entretenimiento. Si bien las comodidades y atracciones varían según el barco, es habitual encontrar, tanto adentro como afuera, sitios de esparcimiento como teatros, gimnasios, casinos,

RENOVACIÓN POSPUESTA

Con el objeto de prolongar su vida útil, potenciar su oferta para el esparcimiento y renovar su configuración interior, a fines de 2019 el *Oasis of the Sea* fue el primer crucero de la línea Royal Caribbean que salió momentáneamente de servicio para ser actualizado. La renovación incluyó cambios en la estética de sus bares, el agregado de toboganes acuáticos, la incorporación de un segundo piso en la zona del puente de mando y nuevas atracciones.

La idea era que, año tras año, cada uno de los 4 grandes barcos de la empresa dedicada al turismo y la diversión cumpliera con ese trámite. Sin embargo, cuando el *Allure of the Seas* estaba por ingresar a los astilleros de Navantia, en Cádiz (España), la situación sanitaria originada por la pandemia de COVID-19 obligó a la suspensión de su renovación. Los barcos interrumpieron sus viajes y, luego de cumplir con las obligadas cuarentenas para sus pasajeros y tripulantes, se dirigieron hacia la base de la compañía en Southampton, Inglaterra, para pasar allí todo el período de inactividad.

bibliotecas, *spas*, pistas de patinaje sobre hielo, solárium, tirolesas, toboganes acuáticos, simuladores de surf, piscinas (algunas climatizadas), anfiteatro marino y hasta una pared con rocas artificiales para la práctica de escalada. Sus 225.000 t de registro bruto y 100.000 t de desplazamiento se mueven gracias a un conjunto de motores con capacidad de desarrollar 130.000 hp.

67

LOS HERMANOS NORUEGOS

Operados por la compañía Norwegian Cruise Line, los "gemelos" *Breakaway* y *Getaway* fueron construidos en el astillero Meyer Werft en Papenburg, Alemania. El *Norwegian Breakaway* tuvo su ceremonia de nombramiento en Nueva York y realizó su primer viaje hacia las Bermudas en mayo de 2013.

Ambos barcos tienen 325 m de eslora por 40 m de manga y un peso muerto de 145.655 toneladas. Con 1.024 camarotes y 238 *suites*, cuentan con una capacidad para 3.950 pasajeros. Su base operativa está en la Terminal de Barcos de Pasajeros de Nueva York, en Manhattan, y realizan con frecuencia cruceros de 7 noches a Bermudas (de mayo a septiembre) y de una semana a Bahamas y Florida (de octubre a abril). También realizan viajes de Nueva York a Nueva Orleans, Miami y Orlando.

El crucero *Symphony of the Seas* es el más grande de la familia Oasis.

El *Norwegian Breakaway.*

LA REINA DE LOS MARES

La actual rivalidad entre las compañías navieras no pasa por contar con el barco más rápido, sino por poseer el más grande o el más lujoso. El *RMS Queen Mary II* es un transatlántico construido por el astillero francés Chantiers de l'Atlantique en Saint-Nazare que pertenece a la compañía Cunard Line. Puede considerarse un digno sucesor de los primeros transatlánticos, como el *RMS Titanic*, el *RMS Mauretania*, el *RMS Queen Mary* o el *RMS Queen Elizabeth*.

Tiene capacidad para 2.690 pasajeros, mientras que la tripulación está compuesta por 1.300 personas. Esto da una proporción de casi un tripulante por cada 2 pasajeros, una relación que provoca envidia en más de una compañía naviera.

A bordo del *Queen Mary II* no hay motivos para el aburrimiento. Pese a no contar con piscinas de olas ni toboganes como en los

cruceros más modernos, ofrece piscinas termales y climatizadas, así como un *spa*, una biblioteca, un teatro, un cine con pantalla gigante que se transforma en planetario y varios restaurantes ambientados en estilo *art déco* (inspirados en detalles del *Queen Mary* original), donde la consigna de cada noche es asistir de etiqueta: vestido largo para las mujeres y traje o chaqueta oscura con corbata para los hombres.

Los "gemelos" Norwegian realizan viajes desde la Terminal de Barcos de Pasajeros de Nueva York hacia Bermudas, de mayo a septiembre, y hacia Bahamas y Florida, de octubre a abril.

El *Queen Mary II* tiene 345 m de eslora y 40 m de manga. Gracias al poder de empuje de sus 4 motores diésel, alcanza una velocidad máxima de hasta 30 nudos en mar abierto.

LOS BARCOS MILITARES

Portaaviones, buques de asalto anfibio, cruceros y destructores... Concebidos y construidos para cumplir funciones militares, los buques de guerra poseen características que los diferencian de los cargueros mercantes y barcos turísticos. Sin embargo, esta diferenciación en el diseño y la construcción recién comenzó a principios del siglo XX. Hasta ese momento, la línea de separación entre ambos tipos de embarcaciones era muy delgada. Muchas veces, en épocas de conflictos bélicos, los buques mercantes recibían blindaje y/o armamento para ser utilizados como buques auxiliares. Hasta el siglo XVII era habitual que las naves comerciales formaran parte también del servicio naval de un país y varios de los barcos de una flota mercante estuvieran artillados. De hecho, esta situación de contar con naves armadas se dio hasta que se extinguió el período de los ataques de corsarios y piratas. Fue así como, paulatinamente, y al especializarse para funciones de ataque y defensa, carracas, carabelas y galeones dieron paso a bergantines, fragatas y corbetas.

Una de las primeras grandes naves
construidas para la guerra fue el
acorazado *HMS Dreadnought*.

LOS PRIMEROS BARCOS MILITARES

Los barcos militares están preparados para soportar daños y son más rápidos y maniobrables que los buques comerciales. Su carga está constituida por armamento, municiones y víveres para el abastecimiento de la tripulación. Por lo general, pertenecen a la armada de un país, aunque en el pasado hubo casos de barcos que fueron operados por compañías particulares.

Una de las primeras grandes naves construidas para la guerra fue el acorazado *HMS Dreadnought*, de 17.000 t de desplazamiento. Propulsado con modernas turbinas de vapor que consumían petróleo en lugar de carbón, fue puesto en servicio por Gran Bretaña en 1906. Contaba con 5 torretas dobles con cañones de 305 mm, lo que lo convertía en el buque con artillería de mayor calibre conocido hasta ese momento. Los barcos anteriores a su botadura comenzaron a denominarse *pre-dreadnought*, mientras que los que adoptaban su configuración eran llamados *dreadnoughts*.

LOS BUQUES DE ASALTO ANFIBIO

También denominados simplemente buques anfibios, son navíos de guerra capaces de transportar tropas de infantería y todo su equipamiento a cualquier lugar del mundo y permitirles desembarcar aun ante la ausencia de un muelle o puerto practicable. En las flotas modernas integran, junto a los portaaviones, el conjunto de los barcos de mayores dimensiones.

Su capacidad de carga varía según el modelo, pero por lo general pueden llevar, además de los soldados embarcados, helicópteros, carros y vehículos de combate, y hasta algunos aviones de despegue corto y aterrizaje vertical. Al llegar al objetivo, la descarga del material se realiza mediante las grúas que disponen en el

puente, los helicópteros, las lanchas de desembarco o los vehículos anfibios. Por su tamaño y polivalencia, están habilitados para conquistar cabezas de playa en una invasión, rescatar unidades en dificultades, facilitar incursiones hacia el interior por medio de los helicópteros y brindar cobertura aérea en operaciones anfibias. También pueden ser acondicionados como hospitales flotantes para atender heridos o, en caso de situaciones de catástrofes, para transportar equipos de construcción vial y acondicionar caminos o reconstruir puentes.

Casi siempre operan en conjunto con otras naves que hacen las veces de protección en caso de ataques con misiles o torpedos. Los grupos llevan el nombre de Task Force (fuerza de tareas) y se conforman con un barco principal (en este caso, el buque de asalto) y unidades auxiliares que pueden ser fragatas y destructores.

78

Buques de asalto anfibio de la clase Wasp.

Entre los buques de asalto anfibio de mayores dimensiones en la actualidad se encuentran los barcos de las clases Wasp y America, con 255 m de eslora, más de 10.000 t de desplazamiento y una velocidad máxima de 22 nudos. Tienen como objetivo principal transportar y desembarcar una Unidad de Expedición Marítima (MEU) a través de helicópteros y aviones de ala fija y rotores basculantes. Su planta motriz consta de dos

turbinas de gas y dos motores eléctricos de propulsión auxiliares y disponen de una capacidad de carga de hasta 2.000 marines, así como una tripulación de 990 marinos y 65 oficiales, además de aeronaves, tanques, vehículos blindados, vehículos de asalto, armamento ofensivo y suministro de apoyo. En algunos casos, cada buque de la clase Wasp dispone de 600 camas de hospital y 6 salas de operaciones.

LOS DESTRUCTORES

Un destructor es un buque de guerra rápido y maniobrable diseñado para proporcionar escolta a buques mayores en flotas, convoyes o grupos de batalla con la misión de defenderlos contra la potencia de fuego enemiga. Si bien antes de la Segunda Guerra Mundial eran barcos livianos con escasa capacidad para operaciones oceánicas, con el tiempo fueron adquiriendo cada vez mayor tamaño y potencia de fuego, lo que los calificó para operar en solitario.

A partir del siglo XXI, los destructores son los mayores buques de combate de superficie, con capacidad para lanzar misiles crucero. Naciones como Estados Unidos y Rusia se encuentran en pleno proceso de actualización de sus destructores, ya que conciben naves polivalentes que poco a poco van reemplazando a los grandes cruceros. Esta nueva generación de barcos de guerra se diferencia por su perfil facetado, diseños con ángulos rectos,

El destructor *Izumo*, que pertenece a la
Fuerza de Autodefensa Marítima de Japón.

sistemas de interferencia electrónica y pintura especial para absorber señales de radar; en tanto que el armamento está oculto dentro del casco de la nave y sus misiles, algunos con capacidad nuclear, pueden ser lanzados en forma vertical.

La Fuerza de Autodefensa Marítima de Japón dispone de dos de los destructores más grandes en su tipo. Se trata de los buques *Izumo* y *Kaga*, ambos con 245 m de longitud. Debido a la constitución pacifista de Japón luego de la Segunda Guerra Mundial, y a pesar de su tamaño, se trata de barcos de corte netamente defensivo, ya que no poseen ningún tipo de armamento para el ataque de superficie. Disponen de 5 plataformas para el despegue y aterrizaje simultáneo de helicópteros antisubmarinos y pueden llevar también hasta 28 aviones de ala fija y espacio de carga para 50 vehículos. Su planta motriz consta de 4 turbinas de gas que generan 112.000 hp, y puede alcanzar una velocidad máxima de 30 nudos.

Marinos en la cubierta del crucero *Kirov*, de la Marina rusa.

LOS CRUCEROS

Si se exceptúa el portaaviones, un crucero es el buque de mayor tamaño disponible en las flotas modernas. Se lo nombró por primera vez en 1870 para referirse a un buque rápido, bien armado pero con escaso blindaje, que tenía la misión de interceptar el tráfico mercante enemigo en épocas de guerra. A lo largo de la historia se conocieron distintos tipos de cruceros que fueron identificándose según sus características y capacidades.

- **Crucero protegido.** Tenía una cubierta blindada que se curvaba para proteger los laterales del barco.
- **Crucero acorazado.** A comienzos del siglo xx incorporó protección en el casco mediante un cinturón blindado que lo rodeaba para evitar el impacto de cañones o torpedos en la zona de la línea de flotación.
- **Crucero de batalla.** Entró en servicio a partir de la botadura del *Dreadnought*, en 1906, y sumó, además del blindaje, poder de ataque y fuerza motriz.
- **Crucero pesado.** Sumó aún más protección y mejor armamento, y alcanzó las 15.000 t de desplazamiento.
- **Crucero ligero.** Con menor peso, pero manteniendo una cintura acorazada completa, disponía de una artillería de calibre menor. Su misión era encabezar el ataque de los destructores, por lo que debía ser tan rápido como estos.
- **Crucero auxiliar.** Era, en tiempos de guerra, un barco mercante o de pasajeros dotado de armamento para colaborar en las misiones de la flota.
- **Crucero lanzamisiles.** Al desaparecer los acorazados, poco después de la Segunda Guerra Mundial, reemplazó su enorme poder de fuego. Además del moderno armamento, también incorporó helicópteros para la guerra antisubmarina.

Algunos de los cruceros más grandes de nuestro tiempo, aún en servicio, son los buques de la clase Kirov de la Marina rusa. Encargados originariamente por la ex Unión Soviética, se trata de naves de 250 m de eslora impulsadas por energía nuclear, con una potencia de 140.000 hp y una velocidad máxima de desplazamiento de 32 nudos. La tripulación está compuesta por 710 marinos equipados con un variado armamento compuesto por misiles antiaéreos, misiles superficie-aire, torpedos y helicópteros.

LOS PORTAAVIONES

Buques insignia de cualquier marina que se precie, los portaaviones tienen la capacidad de transportar y operar aeronaves, helicópteros y drones. Su misión en combate es proyectar el poderío naval de una nación y actuar como base móvil para que los aviones puedan entrar en combate o realizar salidas de reconocimiento. Difícilmente un portaaviones navegue solo, ya que es el corazón de lo que se denomina "fuerza de ataque". Por lo general, un portaaviones comanda un grupo de batalla formado por varios destructores, fragatas, cruceros, submarinos, helicópteros y aviones de alerta temprana que le sirven de protección. Junto a su grupo, provee un amplio espectro de opciones a la política internacional de defensa y a la diplomacia de un país; desde representar un acto de presencia disuasiva hasta encabezar ataques y proyectar invasiones.

El origen de los portaaviones data de la Primera Guerra Mundial, cuando las grandes potencias valoraron la importancia estratégica de contar con aviones embarcados para actuar bélicamente en zonas alejadas de su propio territorio. La actuación decisiva para la victoria aliada en la Segunda Guerra Mundial (en especial tras el resultado de la Batalla de Midway), terminó por confirmar su importancia y prestigio dentro de la flota.

Los modernos portaaviones son fruto de un proceso de construcción que implica costosos presupuestos y muchos años de trabajo. Por eso no son muchas las naciones que cuentan con este tipo de embarcaciones. A fines de 2019 solo había 22 portaaviones operativos alrededor del mundo (pertenecían a 9 armadas nacionales). La tecnología actual permite actualizaciones y mejoras, en las que se destacan algunas innovaciones como las catapultas electromagnéticas (en reemplazo de las impulsadas por vapor) y las cubiertas de vuelo con rampas de salto.

El portaaviones *Charles De Gaulle* es el mayor buque de guerra de Europa occidental y la primera nave de su país con propulsión nuclear.

LOS HÉROES FRANCESES

El buque insignia de la Marina Nacional de Francia es el portaaviones *Charles De Gaulle*. En sus orígenes fue denominado *Richelieu* y hoy es el único en su tipo con la bandera francesa. Con una eslora de 257 m, es el mayor buque de guerra de Europa occidental y la primera nave de su país con propulsión nuclear. Los 40 aviones que transporta despegan desde una plataforma de vuelo de 163 m de largo, mientras que la tripulación está compuesta por 1.950 hombres. Dos reactores de agua a presión K15, dos turbinas de vapor y cuatro turbinas diésel-eléctricas le permiten desarrollar una velocidad máxima de 32 nudos.

Un tanto más viejo, el portaaviones de la clase Clemenceau, bautizado *Foch*, data de la década de 1960 y fue el primer gran barco de la marina francesa posterior a la Segunda Guerra Mundial. Con una longitud de 260 m, permite diferentes configuraciones para transportar 39 aviones o 22 aviones y 17 helicópteros. La tripulación está compuesta por 1.275 marinos y 64 oficiales. Su planta motriz, de 6 calderas y 4 turbinas de vapor, le permite desarrollar una velocidad de 32 nudos. En el año 2000 fue adquirido por el gobierno de Brasil para convertirse en el buque insignia de su flota con el nombre *Sao Paulo*, y recibió algunas actualizaciones en 2004 y 2012.

LOS PORTAAVIONES SOVIÉTICOS Y RUSOS

Al final de la Guerra Fría, la Unión Soviética proyectó la construcción de dos portaaviones: el *Almirante Kuznetsov* (originalmente llamado *Riga*), en honor a un destacado oficial naval ruso que llegó a ser comisionado del pueblo para la Marina durante la Segunda Guerra Mundial, y el *Varyag*, ambos de la clase Kuznetsov. El primero se encuentra operativo, bajo bandera rusa, mientras que el

El *Almirante Kuznetsov* es el barco más grande de Rusia, portador de un poder de fuego que incluye misiles para su defensa.

segundo fue vendido a China. El *Almirante Kuznetsov* tiene 300,3 m de eslora y puede transportar diferentes combinaciones de aviones y helicópteros hasta un total de 50 aeronaves. La tripulación está compuesta por 1.690 hombres, además del personal adicional encargado de los vuelos (otras 650 personas). Desarrolla una velocidad de 29 nudos gracias a sus calderas, turbinas eléctricas y generadores diésel.

El portaaviones *Liaoning*, en la actualidad de bandera China, fue originalmente el *Varyag*, el otro portaaviones de la clase Kuznetsov cuya construcción comenzó en 1985 pero se paralizó con la disolución de la URSS.

Diez años más tarde, una empresa china compró el barco a Ucrania y, tras otra década para culminar el proyecto y modernizarlo, entró en servicio en la Armada del Ejército Popular de Liberación en el año 2002. El *Liaoning* tiene 299,7 m de eslora, una capacidad para 40 aeronaves y una tripulación regular de 1.960 hombres. Está propulsado por turbinas de vapor, turbinas eléctricas y generadores diésel, que le permiten desarrollar una velocidad de 32 nudos. El *Liaoning* solo lleva armas defensivas y apela a sus aviones para cualquier ataque ofensivo.

El portaaviones *Baku*, de la clase Kiev, entró en servicio en 1987 en la Armada Soviética y fue retirado en 1996, ya renombrado como *Almirante Gorshkov*, porque implicaba un alto costo de mantenimiento y no estaba en los planes de la nueva Armada rusa. Finalmente, fue vendido a India. En el tratado original, Rusia cedía el portaaviones, rebautizado *INS Vikramaditya*, sin cargo, pero el gobierno indio se comprometía a pagar una actualización tecnológica y renovación del armamento. Parte de las mejoras implicaron un aumento en su tamaño hasta alcanzar los 279 m de eslora. Actualmente en servicio, puede llevar un máximo de 36 aviones y una tripulación de 1.500 hombres y 110 oficiales. Es movilizado por 8 calderas y 4 turbinas que generan 180.000 hp, suficientes para alcanzar una velocidad de 30 nudos.

90

Los portaaviones de la clase Nimitz son 10 y están todos activos, mientras que los de la clase Gerald R. Ford, que integran la línea más reciente de portaaviones de la US Navy, son 5, pero el único que se encuentra en servicio es el USS Gerald R. Ford.

EL PODERÍO NAVAL DE ESTADOS UNIDOS

Estados Unidos tiene los buques de guerra más grandes del mundo con sus portaaviones de las clases Nimitz y Gerald R. Ford.

Los portaaviones de la clase Nimitz son 10 y están todos activos. Aunque existen diferencias entre los primeros 3 y los últimos 7, tienen, en promedio, 327,3 m de longitud, una altura de 23 pisos y disponen de una cubierta de vuelo de 18.200 m². Están alimentados por 2 reactores nucleares Westinghouse A4W que le posibilitan una velocidad de 30 nudos, con la capacidad de generar energía por más de 20 años antes de repostar. Pese a sus dimensiones y tecnología, son los barcos más antiguos de la Marina, ya que fueron puestos en servicio en 1975. Estos portaaviones pueden transportar entre 85 y 90 aviones (el doble que la mayoría de los buques de su tipo) y una tripulación mixta de 5.000 hombres (entre marinos y personal de vuelo). Una armadura de kevlar protege las áreas vitales de la nave y una batería de 16 lanzadores de misiles proporciona defensa adicional.

Con mucha más tecnología y similares dimensiones, los buques de la clase Gerald R. Ford integran la línea más reciente de portaaviones de la US Navy. Son 5, pero el único que se encuentra en servicio actualmente es el *USS Gerald R. Ford*, el portaaviones tecnológicamente más avanzado del mundo. Una de sus principales características radica en los componentes de accionamiento eléctrico de las catapultas que reemplazan a los sistemas de vapor. Tanto los sistemas de engranajes de lanzamiento como los de detención equipados con tecnología electromagnética aumentan la frecuencia operativa, reducen el tiempo de mantenimiento a largo plazo y hacen que las labores diarias sean más fáciles y mucho menos costosas.

El *George H.W. Bush* es el más nuevo
de los portaaviones de la clase Nimitz.

LOS SUBMARINOS

Identificados más por sus acciones bélicas que por los trabajos de investigación o rescate, los submarinos son vehículos que tienen la capacidad de navegar tanto sobre la superficie del agua como por debajo de ella. Desde los bocetos de Leonardo da Vinci hasta las modernas unidades movilizadas por energía nuclear, su desarrollo permitió al ser humano desenvolverse en un medio que siempre le había sido hostil. Los submarinos fueron determinantes en los grandes conflictos mundiales y tuvieron su máximo desarrollo en pleno apogeo de la Guerra Fría. Sumergirse en su mundo es descubrir a quienes alguna vez pensaron en navegar por debajo del agua, es conocer sus características para no ser detectados como arma de combate y es, también, aprovechar sus cualidades para realizar investigaciones allí donde nadie antes pudo llegar.

Modelo de madera del primer
submarino de combate, el *Turtle*.

LA EVOLUCIÓN HISTÓRICA DEL SUBMARINO

¿Es posible que en la Edad Antigua ya se tuviera una vaga idea de lo que era un submarino? Según el filósofo Aristóteles (384 a.C.-322 a.C.), Alejandro Magno (356 a.C.-323 a.C.) desarrolló un vehículo que se sumergía en el agua para realizar misiones de reconocimiento.

En 1328, el físico e inventor italiano Guido da Vigevano (1280-1349) publicó un tratado con diseños de máquinas y artilugios de guerra en el que se puede apreciar una barca unida a objetos con forma de toneles que podrían servir de dispositivo para sumergirla.

Los antecedentes más conocidos datan del Renacimiento, cuando Leonardo da Vinci (1452-1519) ideó una serie de vehículos que permitían defender a Venecia en caso de algún ataque enemigo. Entre ellos, sobresale una embarcación con casco invertido y una pequeña cúpula con capacidad de inmersión.

En 1578, el matemático inglés William Bourne (1535-1532) diseñó un dispositivo sumergible que nunca llegó a construir, pero sirvió de inspiración para que el ingeniero holandés Éptonomo Cornelius Drebbel construyera en 1620 una nave con forma de campana que algunos dicen que era remolcada por una barca, y otros, que se impulsaba por medio de remos.

Si bien los primeros vehículos sumergibles fueron considerados herramientas para la exploración subacuática, algunos inventores captaron de inmediato su potencial militar. Tal el caso de la *Chaika* cosaca, una barca cerrada que hacía las veces de campana sumergida y que fue utilizada en el siglo XVII para realizar misiones de reconocimiento e infiltración. Se hundía mediante lastres, tenía tubos para tomar aire del exterior y era impulsada mientras la tripulación se desplazaba caminando por el fondo del río.

Imagen 3D del submarino *USS Alligator*.

Ya con algo más de tecnología, el pequeño submarino denominado *Turtle* que creó el inventor norteamericano David Bushnell (1742-1824) podía ser utilizado por una sola persona y tuvo un relativo éxito en incursiones secretas durante 1775, en plena Guerra de la Independencia de Estados Unidos.

Otro inventor estadounidense, Robert Fulton (1765-1815), reconocido por desarrollar el primer barco de vapor, retomó en 1800 el diseño de Cornelius Drebbel e ideó un vehículo sumergible que fue ofrecido a los gobiernos de Francia y Gran Bretaña. Catalogado como un auxiliar bélico y con demostradas habilidades

para hundir otras embarcaciones mediante explosivos, el submarino no prosperó porque fue considerado poco viable.

En 1860, el inventor español Cosme García Sáez (1818-1874) registró la patente del primer submarino de España y realizó con éxito pruebas de inmersión en el puerto de Alicante. El aparato, con capacidad para 2 tripulantes, permaneció bajo el agua durante 45 minutos. Un colega y coterráneo, Narcis Monturiol Estarriol (1819-1885) construyó en 1859 el *Ictíneo I*, un pequeño sumergible destinado a facilitar la pesca de corales. En 1864, perfeccionó su diseño y, bautizado *Ictíneo II*, se convirtió en el primer

El *Peral* puede ser considerado el primer y auténtico submarino de la historia, ya que poseía varios sistemas que siguen utilizándose en las naves modernas, como el periscopio, el concepto de baterías como acumuladores de energía y otros mecanismos de navegación y armamento.

submarino impulsado por un motor de vapor en ser botado en aguas del puerto de Barcelona.

Durante la Guerra Civil Norteamericana, el ejército de la Unión puso en servicio el submarino *USS Alligator*, de diseño francés. La nave disponía de aire comprimido para la tripulación y una escotilla de buceo que permitía la salida de un tripulante (con equipo especial) para colocar minas de detonación en los barcos enemigos. Si bien en un principio estaba propulsado por remos, la primera gran mejora que tuvo lo dotó de una hélice movida por

manivela (accionada por la tripulación). Medía 14,3 m de eslora, 1,2 m de manga y podía transportar a 20 tripulantes.

De regreso a España, el marino y militar Isaac Peral (1851-1895) ensayó en el puerto de Cádiz su nave sumergible construida con un casco de acero y 3 tanques interiores que se achicaban por medio de bombas. El *Peral*, como fue denominado, alcanzaba una cota máxima de inmersión de 30 metros, se desplazaba a una velocidad de 10 nudos gracias a un motor eléctrico que accionaba 2 hélices de eje horizontal y contaba con un tubo lanza torpedos en la proa.

EL NAUTILUS

En 1870, el escritor francés Julio Verne (1828-1905) publicó su clásico de ciencia ficción titulado *Veinte mil leguas de viaje submarino*, que narra las aventuras del intrépido capitán Nemo. Inconformista con su tiempo, el inventor protagonista del relato creó el submarino *Nautilus*, una nave que era mucho más avanzada que todas las existentes en la época. La novela de Verne, no exenta de toques verosímiles, inspiró a muchos inventores contemporáneos.

LA GUERRA SUBMARINA

Gracias al perfeccionamiento de las primeras naves sumergibles y la invención de otros elementos como la radio y el torpedo, la Primera Guerra Mundial fue una instancia propicia para que el submarino cobrara auge.

Francia comenzó liderando el desarrollo de los sumergibles, pero fue Alemania la que sacó mayor provecho. La máxima virtud de los U-Boote alemanes estaba en la propulsión mediante un sistema diésel-eléctrico. Mientras estaban en superficie, los submarinos se impulsaban con motores convencionales, pero utilizaban baterías al momento de sumergirse. El casco tenía una sección triangular, con una quilla que servía para controlar el oleaje y una proa donde sobresalían los tubos para lanzar torpedos.

Datan del período de entreguerras los sumergibles portaaviones que contaban con una estructura tipo hangar y una catapulta de vapor para lanzar uno o más hidroaviones pequeños. De esta manera, la conjunción submarino-avión actuaba como una unidad de reconocimiento en épocas en las que el radar todavía no se había inventado.

104

Durante la Segunda Guerra Mundial, otra vez Alemania se destacó por su poderío submarino. Prácticamente sin una flota de porte que pudiera igualar a la Marina Real Británica (debido a las limitaciones del Tratado de Versalles), la única alternativa para derrotarla estaba en la rápida botadura de cientos de submarinos (mucho más fáciles de construir que los barcos de superficie). A mediados de 1940, los alemanes contaban con más de 1.000 submarinos que integraron las famosas *wolfpacks* (manada de lobos) con las que hundieron cientos de buques mercantes y barcos militares aliados.

LOS SUBMARINOS NUCLEARES

Dos innovaciones posteriores a la Segunda Guerra Mundial les proporcionaron a los submarinos la capacidad de permanecer sumergidos durante semanas o incluso meses: la energía nuclear que reemplazó a la propulsión diésel-eléctrica y la posibilidad de extraer oxígeno del agua del mar.

Lanzamiento de un U-Boot alemán
durante la Segunda Guerra Mundial.

CÓMO OPERABAN LOS U-BOOTE

Durante la Primera Guerra Mundial, la campaña submarina se convirtió en una carrera entre el hundimiento de buques mercantes por parte de los alemanes y la construcción de nuevos barcos para reemplazarlos por parte de los aliados. En octubre de 1917, Alemania tenía la máxima cantidad de U-Boote en servicio, pero nunca hubo más de 60 tripulaciones simultáneas en el mar. Pese a tratarse de un número relativamente bajo de submarinos, fueron responsables del hundimiento de casi el 90% de los buques mercantes aliados. Solamente en abril de 1917 fueron hundidas 430 naves aliadas y neutrales con un total de 852.000 t de mercancías.

En la Segunda Guerra Mundial, los submarinos alemanes operaban en el mar de forma independiente para localizar los buques aliados que transportaban mercancías. Si un U-Boot detectaba un convoy, en vez de atacar de inmediato daba la señal de alerta a otros submarinos en la zona y comenzaba la persecución. Una vez que se constituía la *wolfpack*, atacaban de manera simultánea a la mayoría de los barcos, preferentemente de noche, y causaban verdaderos estragos. Al comienzo de la guerra, esta táctica les dio resultado a los alemanes. Sin embargo, a partir de la segunda mitad del conflicto, los aliados aumentaron la cantidad de buques escolta y aviones de protección. Equipados con avances técnicos como el radar y el sonar, pudieron revertir y neutralizar la cantidad de hundimientos.

El primer submarino nuclear, el *USS Nautilus,* navegó en 1958 por debajo de la capa de hielo que cubre el Polo Norte.

En los submarinos con propulsión diésel-eléctrica, la energía almacenada en las baterías les permite estar bajo el agua durante unos días si marcha a baja velocidad y solo unas pocas horas cuando se exige a máximo régimen. Por el contrario, al ser independiente del aire, la energía nuclear generada por el reactor le permite operar durante mucho tiempo, mientras se establecen períodos de emersión solo cuando hace falta reabastecer de alimentos a la tripulación. De hecho, los modernos submarinos nucleares no necesitan recargar las baterías a lo largo de sus 25 años de vida.

La mayoría de los submarinos militares modernos poseen tecnología nuclear y solo 6 países los tienen en sus flotas: Estados Unidos, Rusia, Francia, Reino Unido, China e India. De todas maneras, aunque una mayor autonomía y rendimiento de los submarinos nucleares implica mejor capacidad de cobertura en misiones de larga distancia o de protección de una fuerza de portaaviones, la versión de submarinos diésel-eléctricos siguió produciéndose en países con capacidad nuclear y sin ella, pues son más difíciles de detectar y más baratos.

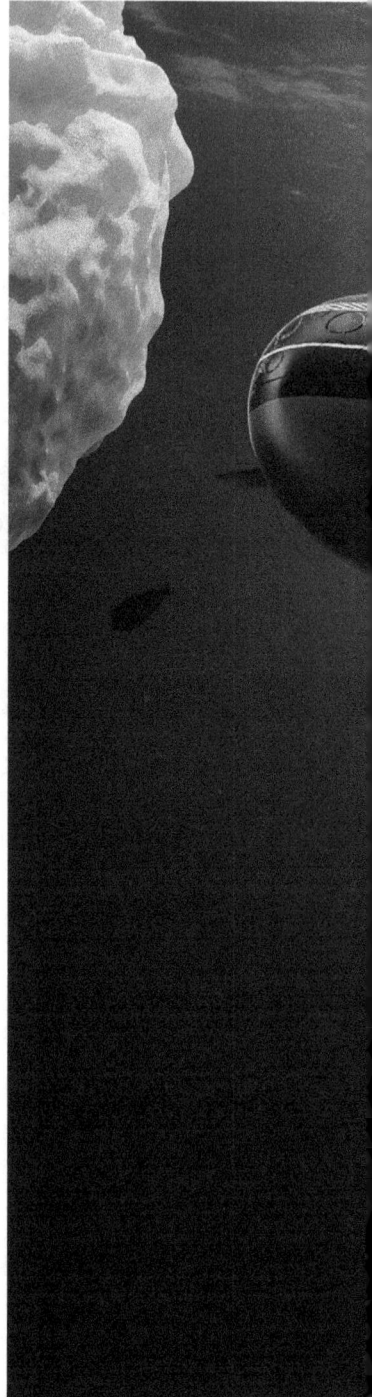

EL *K-329 BELGOROD* Y LA RESPUESTA ESTADOUNIDENSE

En abril de 2019, Rusia botó su proyecto 09852 desde el astillero de Severodvinsk, y convirtió así al submarino *K-329 Belgorod* en el más largo del mundo hasta nuestros días. El proyecto se mantuvo bajo el rótulo de ultrasecreto hasta que la agencia de noticia TASS dio a conocer los detalles brindados por el Ministerio de Defensa de Rusia cuando el submarino estuvo en el agua: "El *K-329 Belgorod* es un submarino nuclear con una longitud de 184 m de eslora, tiene una capacidad de desplazamiento sumergido de 30.000 t y puede sumergirse a una profundidad de 550 metros".

El *K-329* Belgorod comenzó a construirse en 1992 con las características de un submarino de misiles de clase Oscar, pero los trabajos se interrumpieron en 1994 por falta de presupuesto. La construcción del casco se reanudó a partir del 2010, pero con un cambio significativo en su configuración con el fin de brindarle las condiciones necesarias para transportar los nuevos drones sumergidos de alta velocidad Poseidón, armados con ojivas nucleares. Al respecto, el Poseidón es toda una revolución en armamento ofensivo y sirve, hipotéticamente, para atacar a grupos de batalla de portaaviones, defensas costeras e infraestructuras portuarias donde recalan submarinos enemigos. Tiene la capacidad de operar a una profundidad de 800 m y puede viajar a una velocidad de 200 kilómetros por hora.

El *K-329 Belgorod* fue expresamente diseñado para estar equipado con hasta 6 de estos torpedos de última generación que, según estimaciones de la inteligencia norteamericana "estarán equipados con una ojiva de rendimiento nuclear de decenas de megatones (cada megatón equivale a un millón de toneladas de TNT)".

Como respuesta a la botadura del *K-329 Belgorod*, la US Navy solicitó la construcción de 9 modernos submarinos, 8 de los cuales contarán con un diseño mejorado que incrementará sus capacidades estratégicas. La noticia se conoció en los principales portales informativos a partir de mediados de diciembre de 2019.

En la actualidad, Estados Unidos opera la mayor flota submarina del mundo. Cuenta con 70 submarinos nucleares activos, contra los 56 que declara la Armada rusa (34 nucleares y 22 convencionales).

Los submarinos estadounidenses son de 4 clases y, a su vez, se dividen en 2 grupos bien diferenciados: modelos de ataque (Fast Attack) y lanzamisiles (Ship Sumersible Ballistic Nuclear o SSBN). Las clases Los Ángeles (32 unidades), Seawolf (3 unidades) y Virginia (17 unidades) son modelos de ataque. Los lanzamisiles

GRANDES Y FAMOSOS DE LA UNIÓN SOVIÉTICA

La Guerra Fría entre Estados Unidos y la Unión Soviética fue la época de esplendor de los submarinos nucleares. La mayoría de las naves soviéticas surgieron del ingenio de Serguéi Nikitich Kovaliov (1919-2011), considerado uno de los más famosos diseñadores de submarinos. Bajo su liderazgo en la Oficina Central de Diseño de Ingeniería Marina Rubin, se construyeron más de 90 sumergibles nucleares, muchos de los cuales pasaron a la historia.

Su primer gran proyecto llevó la denominación 658. Se trató de 8 submarinos con capacidad de cargar torpedos y misiles balísticos de lanzamiento de superficie con poderío nuclear que tenían como misión atacar objetivos en costas, ciudades y bases navales del enemigo. Para no ser detectados, poseían un revestimiento especial capaz de absorber el sonido y dificultar el funcionamiento de las estaciones de sonar enemigas. Estos submarinos sirvieron en la Armada de la Unión Soviética durante más de 20 años y completaron cientos de misiones militares.

Otro proyecto soviético para el desarrollo de submarinos fue el 941 Akula, que comenzó en la década de 1980. En total, la Unión Soviética construyó 6 submarinos de este tipo, que sirvieron en una división especialmente creada para ellos en la Flota del Norte.

Los Akula tenían una capacidad de portar 20 misiles de 16 m y 90 toneladas. De esta manera, terminaron convirtiéndose en los mayores submarinos que jamás existieron, con una eslora de 175 m, una manga de 23 m y 44.000 t de desplazamiento. Para su diseño se pensó en 5 robustos cascos de titanio alojados en un casco de acero. Los 2 cascos principales eran paralelos. Además de los misiles balísticos, los submarinos eran capaces de cargar 6 torpedos de 533 milímetros. Sin embargo, no estuvieron mucho tiempo activos debido al alto costo de operación. En la actualidad, solo queda uno en servicio, el *TK 208 Dmitri Donskoy*, reactivado para pruebas misilísticas.

A mediados de la década de 1980, los Akula se hicieron famosos al representar a los submarinos soviéticos de la película *La caza del Octubre Rojo*, basada en el libro de Tom Clancy y protagonizada por Sean Connery y Alec Baldwin.

109

El *USS New Hampshire SSN-778,* un submarino nuclear de la clase Virginia.

son todos de la clase Ohio (18 unidades). De ellos, 14 tienen capacidad de destrucción masiva por llevar 24 misiles cruceros balísticos (cada uno con 12 cabezas nucleares) y los 4 restantes están armados con 154 misiles cruceros tácticos.

Pese a que los submarinos de la clase Los Ángeles, con 110 m de eslora y 7.000 t de inmersión, fueron en su momento los mejores del mundo por ser silenciosos y estar bien armados, paulatinamente están siendo retirados y reemplazados por los nuevos buques de la clase Virginia. Precisamente esta clase no es tan uniforme como las otras y, a pesar de tratarse de un modelo muy versátil, fue evolucionando constantemente en diferentes grupos de unidades construidas o bloques.

En total, existen 4 bloques que arrancan con los primeros submarinos botados en 2004 y otros 3 en proceso de implementación o proyectados a partir de 2024. El bloque 1 lo constituyen aquellos submarinos que estaban construidos con la técnica modular en vez de un casco de presión entero, con una longitud de 115 m y un desplazamiento de 8.000 toneladas.

Paulatinamente, cada nuevo bloque fue recibiendo mejoras tecnológicas como el sistema de mástil modular, que integra, en un único mecanismo, los diversos mástiles de visión, radar,

LOS NARCOSUBMARINOS

A principios de la década de 1990, Pablo Escobar (1949-1993) estuvo a punto de adquirir un submarino militar a funcionarios rebeldes de la recientemente desaparecida Unión Soviética que le sirviera para el transporte de sus cargamentos hasta las costas de Estados Unidos. Según archivos desclasificados de la CIA, el narcotraficante colombiano recibió la ayuda de Fidel Castro (1926-2016). El negocio no prosperó, pero la idea siguió latente.

Los denominados narcosubmarinos son artefactos construidos con fibra de vidrio, capaces de desplazarse al ras de la superficie marina. Pese a que son difíciles de detectar visualmente, con un radar o con un sonar, algunos incorporan una delgada capa de plomo en la cubierta con el fin de evitar su detección por medio de luz infrarroja. En marzo de 2018, el Ejército de Colombia incautó en plena selva un artefacto sumergible construido con acero naval, de 11 m de eslora y una capacidad de carga de 3 t. El submarino navega con un pequeño motor eléctrico, puede sumergirse hasta 3 m por debajo de la superficie, y su detección por medio de sistemas visuales o electrónicos es verdaderamente imposible.

sensores y *snorkel* para la toma de aire, entre otros dispositivos esenciales. También incorporaron mástiles fotónicos equipados con cámaras y sensores en reemplazo del clásico periscopio óptico. En materia de armamento, los dos primeros bloques tenían 12 celdas para el lanzamiento vertical de misiles y 4 tubos lanzatorpedos; en tanto que los 2 siguientes incorporaron 2 tubos de gran diámetro (con capacidad para lanzar 6 misiles crucero cada uno) en reemplazo de la docena de celdas.

El reciente pedido de actualización y modernización para la flota de submarinos comprendió una unidad del cuarto bloque y la creación de una quinta generación de 8 nuevos buques Virginia. Se estima que cada nuevo sumergible costará alrededor de 2.200 millones de euros, serán construidos por las empresas General Dynamics, Electric Boat y Huntington Ingalls Industries, y tienen fecha de entrega a partir de 2025 y hasta 2029. Lo más novedoso que traerá el quinto bloque será el Módulo de Carga Virginia (en inglés, Virginia Payload Module o VPM), que consiste en una especie de contenedor que incorporará diferentes configuraciones de acuerdo con el tipo de misión a enfrentar y, a su vez, podrá adaptarse a todos los bloques anteriores. Así, el poder de fuego se incrementará con más lanzaderas para misiles cruceros y los submarinos equipados con las VPM sumarán la capacidad de lanzar y recuperar drones aéreos y acuáticos desde el propio buque.

LA EXPLORACIÓN SUBMARINA

A medida que fueron desarrollándose los buques oceanográficos destinados a la investigación científica, fue necesario encontrar soluciones para llegar más allá del límite que la naturaleza imponía a los seres humanos en las expediciones de buceo.

Las experiencias de investigación submarina comenzaron en la década de 1930, cuando William Beebe (1877-1962) y Otis Barton (1899-1992) construyeron una esfera de casi un metro y medio de diámetro, sin capacidad de maniobra, que llegó a sumergirse a 920 m de profundidad.

Batiscafo *Mir-1* para
exploraciones subacuáticas.

A raíz de la experiencia con aquella batisfera, en 1960 se puso énfasis en el desarrollo del batiscafo, un vehículo que ya era maniobrable y contaba con cierta autonomía. Con él, los exploradores Jacques Piccard (1922-2008) y Don Walsh (1931-) se sumergieron a 10.914 m en el abismo Challenger, el punto de mayor profundidad de la Fosa de las Marianas, en el océano Pacífico.

En 1964, fue puesto en servicio el sumergible *DVS Alvin* de la Marina de Estados Unidos, con capacidad para un piloto y 2 tripulantes, y realizó miles de inmersiones destinadas a la investigación oceanográfica, geológica y de biología marina. Los últimos avances en la automatización permitieron el desarrollo de submarinos de investigación robóticos que, al no ser tripulados, pueden ser programados para funcionar de modo autónomo o por control remoto. Son capaces de obtener imágenes, información del entorno y muestras a profundidades antes impensadas por los científicos.

LOS MEGABARCOS

De aspecto y configuraciones variadas, algunos de los más modernos barcos anticipan el futuro de la navegación. Se trata de gigantescas e importantes naves que se destacan por sus cualidades su función, lo específico de su diseño o su tamaño. Algunos de estos gigantes fueron botados en los últimos años, mientras que otros están en proceso de construcción o son complejos y entusiastas proyectos que verán la luz en un futuro cercano. Se pueden mencionar desde el *Turanor Planet Solar*, que circunnavegó el globo propulsado por una energía alternativa, hasta el *Prelude FLNG*, que permanecerá anclado 25 años en su sitio de explotación, pasando por los increíbles rompehielos rusos, los impresionantes *Tonsgberg y Pioneering Spirit*, capaces de llevar grandes y sofisticadas cargas, o el *Titanic II*, que surgió como homenaje al transatlántico de principios del siglo xx.

El *Turanor Planet Solar* dejó los astilleros de Knierim Yachtbau, en Kiel, en el norte de Alemania, reconocido como el barco exclusivamente propulsado por energía solar más grande del mundo.

EL *TURANOR PLANET SOLAR*: LA VUELTA AL MUNDO MÁS "LIMPIA"

En 2004, el explorador suizo Raphaël Domjan (1972-) se propuso construir un barco propulsado por energía solar para navegar alrededor del mundo con el objetivo de demostrar que la humanidad dispone de medios, conocimientos y tecnología para reducir la dependencia de los combustibles fósiles. Para tal fin, conformó un grupo de trabajo del que participaron empresarios y arquitectos navales. En 2008 se diseñó un catamarán de fibra de carbono con aspecto de una nave espacial asentada sobre dos cascos, que mide 31 m de longitud, 15 m de ancho, y cuenta con 530 m² de paneles fotovoltaicos que se abren, se cierran y se extienden para que los rayos solares puedan incidir y generar electricidad para mover los motores. Los paneles están

conectados a 6 bloques de baterías de iones de litio de 13 t de peso que, con una capacidad total de 1.130 kWh, generan una autonomía de 72 h sin la dependencia de la luz solar. Las baterías alimentan a 4 motores eléctricos de 320 hp cada uno, que le permiten a la nave desarrollar velocidades de hasta 14 nudos, impulsada por hélices de fibra de carbono.

El 27 de septiembre de 2010, una tripulación de 6 personas partió a bordo del *Turanor Planet Solar* desde Mónaco en un viaje alrededor del mundo. Tras pasar por las islas Canarias, Miami, Cancún, Cartagena de Indias, Panamá, Polinesia, Australia, Japón, Singapur, el Golfo de Adén, Abu Dabi y el Canal de Suez, la nave regresó al puerto de origen el 4 de mayo de 2012, tras 584 días de navegación.

En su trayecto batió 6 récords relacionados con la energía solar: la primera circunnavegación al globo, el cruce más rápido del océano Atlántico, la distancia más larga jamás recorrida, el primer

El rompehielos *Árktika* en el puerto de San Petersburgo.

cruce del océano Índico, el primer pasaje por el Mar Rojo y la nave de sus características más grande del mundo.

En la actualidad, el *Turanor Planet Solar* vive una segunda vida convertido en una plataforma de investigación científica, que pertenece a la Universidad de Ginebra, como parte del programa Planet Solar Deep Water. Su función es analizar las interacciones entre el océano y la atmósfera a lo largo de la Corriente del Golfo, con el fin de estudiar el impacto del cambio climático.

LOS ROMPEHIELOS NUCLEARES EN LOS CONFINES DE LA TIERRA

La posición geográfica y la apuesta estratégica geopolítica a largo plazo para el dominio total del océano Ártico explican el interés de Rusia por tener una flota de rompehielos. Este país es el único del planeta que posee una flota de rompehielos nucleares, ya que otros, como Canadá, disponen de naves similares, pero más modestas, con propulsión convencional.

La misión de este tipo de barcos es garantizar durante todo el año la navegación por la ruta marítima del norte, que conecta Europa y Asia de la manera más rápida. Además, el océano Ártico es una vía frecuente para el transporte de equipos de producción de gas y petróleo a Siberia, así como para traer las materias primas obtenidas en aquella región.

El primer rompehielos de propulsión nuclear de la historia fue el *Lenin*, construido en los astilleros Admiralteiskie Verfi de Leningrado en 1957 y botado 2 años más tarde. Se mantuvo en servicio durante 3 décadas y actualmente es un museo. Su sucesor, el *Árktika*, fue el primero de su clase construido en los astilleros

El primer rompehielos de propulsión nuclear de la historia fue el Lenin, construido en los astilleros Admiralteiskie Verfie de Leningrado en 1957 y botado 2 años más tarde.

El astillero de la Mitsubishi Heavy Industries, Nagasaki, Japón.

Baltiiski y equipado con un revestimiento especial de polímero en su casco para reducir la fricción. Este tipo de buque podía romper el hielo tanto hacia adelante como hacia atrás, de modo que eliminaba por completo la posibilidad de quedar atrapado. Estuvo en servicio desde 1975 hasta 2008 y fue el primer buque de superficie que llegó al Polo Norte, en 1977.

Más tarde aparecieron otros rompehielos, como el *Sibir* (Siberia), que entró en actividad en 1977 hasta ser desmantelado en 1993; el *Rossíia* (Rusia), con un motor de 75.000 hp; el *Sovetski Soyuz* (Unión Soviética), diseñado para adaptarse como buque militar; el *Yamal*, con capacidad para romper hielo de hasta 3 m de espesor, y el *NS 50 Let Pobedy* (50 años de Victoria), que durante el verano realiza excursiones hasta el Polo Norte.

En la actualidad, una nueva serie de rompehielos está renovando la flota con 2 tipos de unidades polivalentes rotuladas como clases LK-60Ya y LK-110Ya. Se trata de naves construidas con materiales innovadores, más potentes, con mayor desplazamiento y realizadas sobre la base de la experiencia acumulada durante los últimos 60 años.

Son 3 los buques de la clase LK-60Ya, bautizados *Árktika*, *Sibir* y *Ural*, que presentan unas dimensiones de 175 m de eslora, 34 m de manga y un desplazamiento de 33.500 toneladas. Los rompehielos cuentan con dos reactores nucleares RITM-200, cada uno de 175 megavatios (MW) de capacidad térmica. Botados en los años 2016, 2017 y 2019, entrarán en servicio efectivo recién en 2020, 2021 y 2022, respectivamente.

De la clase LK-110Ya solamente hay un rompehielos proyectado, pero será la "joya de la corona" debido a sus dimensiones. En plena construcción, su longitud supera los 200 m y el ancho llega a los 50 metros. Al igual que los buques de la otra clase, tendrá la capacidad de romper capas de hielo de entre 4,5 y 5 m de espesor gracias al empuje y la presión que generan las poderosas hélices. Entre otras particularidades, el calado de ambas series será variable para operar tanto en mar como en ríos de Siberia, tendrán una vida útil promedio de 40 años y la tripulación se verá reducida de 150 a 75 hombres.

126

EL TRANSPORTE EN LAS ENTRAÑAS DEL *MV TONSGBERG*

Encuadrado dentro de la serie Ro-Ro (*roll-on/roll-off*, en inglés) denominada Mark V, el *MV Tonsgberg* es un buque especialmente diseñado y construido para el transporte de automóviles, camiones o trenes que acceden a sus bodegas por sus propios medios a través de grandes compuertas. Pertenece a la compañía Wilh Wilhelmsen Lines, comenzó a construirse en 2007 en el astillero japonés de la Mitsubishi Heavy Industries de Nagasaki y fue botado en marzo de 2011.

Para conseguir que el *MV Tonsgberg* fuera ecológicamente amigable se optimizaron las formas del casco para minimizar la resistencia al avance, reducir la descarga de gases contaminantes a la atmósfera e incorporar una protección adicional contra derrames. Un estudio pormenorizado de las líneas aerodinámicas logró un ahorro de entre el 15 y el 20% de combustible, comparado con buques similares. Por otro lado, en la cámara de máquinas se instaló un generador de energía eléctrica que aprovecha el calor de los gases de escape.

Los 265 m de eslora se conjugan con los 32,26 m de manga para generar un espacio de carga útil superior a los 50.000 m² y una capacidad bruta de 76.500 toneladas. El acceso a la zona de transporte se realiza mediante una rampa de 12 m de ancho en el sector de popa y otras compuertas (todas de 8 m de ancho) que comunican las 6 cubiertas fijas y 3 elevables. La variedad de la carga, además de automóviles y camiones, incluye otros vehículos de gran peso como tractores, excavadoras, cosechadoras y hasta piezas para parques eólicos (se pueden acomodar en la cubierta exterior, también con rampa de carga, y sin la necesidad de grúas). La tripulación de 36 personas dispone de 2 cubiertas en el sector de proa, con camarotes, oficinas y zonas de descanso.

El buque se desplaza gracias a un motor principal de 7 cilindros y 30.500 hp, que acciona una hélice de 6 palas de 7,3 m de diámetro de paso fijo, para alcanzar una velocidad de 20 nudos. Dos hélices transversales Kawasaki en túnel de 2.500 kW, una en proa y otra en popa, aseguran su maniobrabilidad.

Operativo desde 2012 para la empresa Wallenius Wilhelmsen Logistics, el *MV Tonsgberg* realiza un servicio denominado Round the World Liner Service (RTW) de 120 días que lo lleva desde la costa este de Estados Unidos hasta Oceanía, el sudeste asiático, Oriente Medio, la costa oeste de Estados Unidos, de nuevo a la costa este y finalmente a Europa.

EL *PIONEERING SPIRIT*: MUCHO MÁS QUE UNA GRÚA

El *Pioneering Spirit* es un buque multipropósito que puede levantar todo lo que se proponga. Si se diera el caso, hasta un volumen equivalente al de 2 estatuas de la Libertad al mismo tiempo. Sucede que, con sus 2 cascos unidos al estilo de un inmenso catamarán, tiene 382 m de eslora y 124 m de manga.

Fue construido entre 2010 y 2014 en los astilleros surcoreanos de la Daewoo Shipbuilding & Marine Engineering, viajó a principios de 2015 al puerto holandés de Róterdam para la instalación de sus últimos equipos y a los pocos meses entró en servicio. Su

El *Pioneering Spirit* fue proyectado y diseñado de manera conjunta por las compañías Swan Hunter, Allseas y Deltamarin para dar soporte a las plataformas petroleras en alta mar.

función primaria es la instalación y el desmantelamiento de plataformas petroleras enteras, así como la instalación de tuberías submarinas, pero también está capacitado para elevar y transportar cualquier tipo de carga.

Su tamaño le permite trasladar en un solo viaje una *topside*, la parte superior de la estructura de una plataforma *off-shore* de extracción petrolera, con dimensiones de hasta 70 m de altura y 25.000 t, así como las estructuras y los equipos que le dan soporte, llamadas *jackets*. De este modo, se evita correr el riesgo de realizar el montaje por partes de las torres petroleras en alta mar (el trabajo se realiza en tierra, donde es más barato y seguro).

Entre los equipamientos especiales, el *Pioneering Spirit* dispone de un sistema de elevación de proa, una enorme estructura de 59 m de ancho por 122 m de altura, que comprende un conjunto de 8 vigas, sobre las que se colocan cargas de hasta 48.000 toneladas. Además, cuenta con un sistema de compensación activa de elevación (en inglés, *active heave compensation* o AHC) que absorbe todos los movimientos del buque derivados de la acción de las olas sin afectar la operación de desinstalación.

La planta impulsora del *Pioneering Spirit* consta de 8 generadores diésel que suman entre todos 125.000 hp. Estos alimentan, a su vez, 12 propulsores azimutales de Rolls Royce que son capaces de desplazar el barco a una velocidad máxima de 14 nudos o de mantenerlo estático en el mar mediante su sistema de posicionamiento dinámico DP3. Además, la nave está preparada para transportar hasta 571 personas a bordo y cuenta con un helipuerto para operar con aeronaves del tipo *Sikorsky S-61* y *S-92*.

EL *TITANIC II*: UNA RÉPLICA DEL ORIGINAL

Mientras se cumplía el centenario del hundimiento del *RMS Titanic*, el magnate y político australiano Clive Palmer (1954-) anunció que encararía la construcción de un barco similar para realizar el recorrido que se truncó aquel 15 de abril de 1912. Palmer, propietario de la compañía de cruceros Blue Star Line, prometió que el *Titanic II* realizará su viaje inaugural desde Southampton hacia

Nueva York en 2022, cuando se cumplan 110 años de la tragedia. El 30 de enero de 2020, el propio Clive anunció en sus cuentas de redes sociales que "el gran lanzamiento mundial del *Titanic II* será para fin de año".

El barco se está construyendo en el astillero chino de CSC Jinling, en Nanjing, con materiales actuales y componentes de última generación. Su diseño imitó hasta la más mínima característica del original, tanto interna como externa. Pero para adecuarse a los requerimientos de seguridad vigentes, inevitablemente sufrió algunos cambios. Mide 269 m de eslora y 32,2 m de manga, un tanto más ancha que la del anterior para mejorar la estabilidad. El calado ahora es de 7,5 m y la silueta de la proa incorpora un bulbo de tamaño moderado para cumplir con las normas de seguridad. El casco está soldado en lugar de llevar remaches y se le agregaron 2 estabilizadores para reducir el balanceo.

El *Titanic II* es propulsado por un sistema de 4 motores diésel-eléctricos que suministran energía a 3 propulsores azimutales. Todo el conjunto reemplaza el antiguo equipamiento de calderas, máquinas y turbina de vapor y posibilita una potencia combinada de 64.000 hp para lograr un desplazamiento de 65.000 t a 23 nudos de velocidad máxima. Otras modificaciones en relación con el *Titanic* original incluyen una cubierta de seguridad entre las cubiertas C y D, donde van colocados modernos botes salvavidas, toboganes y otros sistemas de evacuación, así como nuevas escaleras de emergencia acopladas al exterior de las chimeneas. En total, el *Titanic II* tendrá 10 cubiertas, con una capacidad máxima de 2.400 pasajeros y 900 tripulantes.

"El objetivo de Blue Star Line es crear una auténtica experiencia transatlántica con la recreación del *Titanic* original, brindando a los pasajeros los mismos interiores y diseños de 1912, pero con modernos procedimientos de seguridad, métodos de navegación y tecnología del siglo XXI para proporcionar el más alto nivel de lujo y confort. Así como millones de personas imaginaron alguna vez navegar, verlo en el puerto y experimentar su majestuosidad, el *Titanic II* será el barco donde los sueños podrán concretarse", aseguran desde la empresa naviera.

En pleno proceso de construcción, el *Titanic II* pretende recrear las características del transatlántico original.

EL *PRELUDE FLNG*:
EL MÁS GRANDE ENTRE LOS GRANDES

La explotación de gas cada vez se adentra más en los océanos, debajo de los cuales existen grandes reservas, algunas a cientos de kilómetros de tierra firme. Hasta ahora, una vez perforado un pozo, el gas tenía que ser enviado por gasoductos submarinos a un complejo en tierra firme para ser licuado y luego transportado por buques metaneros para su utilización o exportación. El proceso implicaba la construcción de una enorme infraestructura que pudiese purificar y licuar el gas, de modo que se convirtiera en gas natural licuado (LNG, por sus siglas en inglés). En estado líquido, el gas tiene un volumen 600 veces menor que en estado gaseoso y, por lo tanto, es más fácil de transportar en barco.

Los primeros diseños del *Prelude Floating Liquefied Natural Gas* (FLNG) se realizaron en la década de 1990, pero pronto se dejaron de lado debido a la recesión económica mundial y a las dificultades técnicas para su construcción. Shell retomó la idea con el cambio de siglo, pero recién en 2007 el descubrimiento de un campo gasífero demasiado pequeño y alejado de la costa como para explotarlo mediante otro método le posibilitó a esta tecnología, denominada "todo embarcado", experimentar su primera salida.

134

Aunque el *Prelude FLNG* es el barco más grande jamás construido, en realidad, se trata de una plataforma flotante para la extracción, el procesamiento, el almacenamiento y el manejo de gas natural desarrollada por la empresa Royal Dutch Shell: un coloso de los mares con 488 m de eslora, 74 m de manga y 3.350 m² de cubierta. Su peso alcanza las 600.000 t con sus tanques de almacenamiento completos, sin embargo, ocupa solo una cuarta parte del espacio que ocuparía una planta de GNL terrestre.

Así, el *Prelude FLNG* hace las veces de refinería de gas. La propia nave tiene capacidad para producir y descargar el gas licuado en los buques metaneros en alta mar, para que desde allí viajen directamente hacia sus mercados de destino. De este modo, se reducen los costos, los tiempos de producción, la necesidad de construir tanta infraestructura y las objeciones de los ambientalistas.

LA CONSTRUCCIÓN Y LA BOTADURA DEL BARCO

La construcción de la estructura principal del barco (de doble casco) fue desarrollada por el consorcio Technip en los astilleros de Samsung Heavy Industries en Geoje, Corea del Sur; en tanto, el sistema de amarre, la torreta y otros equipos necesarios para la explotación, el procesamiento y el almacenaje se construyeron en diferentes lugares del mundo. En total se utilizaron más de 260.000 t de acero, 4 veces más material que el empleado para construir el puente Golden Gate de San Francisco. El casco fue botado en diciembre de 2013, y el resto de los componentes fue incorporándose a la nave ya en flotación hasta completarla a principios de 2017. Esta megaestructura tiene todo lo necesario para extraer y producir gas natural de yacimientos submarinos hasta ahora inaccesibles o económicamente inviables.

El *Prelude FLNG* inició sus operaciones en diciembre de 2018, mientras que la primera carga de gas licuado se despachó a fines de enero de 2019. Actualmente está anclado sobre un campo submarino de gas a unos 200 km de la costa noroeste de Australia. Como la zona en donde se encuentra suele estar afectada por una temporada de ciclones (de noviembre a abril de cada año), el *Prelude FLNG* fue diseñado para soportar condiciones extremas.

135

EL FUTURO DE LOS FLNG

La producción en el FLNG es una tecnología "todo en uno" que definitivamente cambió el modo de la extracción submarina de gas y su distribución. La ambición de Shell es lanzar una futura flota de Preludes para liderar un nuevo capítulo en la historia de la extracción de combustibles fósiles. Los técnicos de la compañía petrolera están diseñando una nave aún más grande y compleja que el *Prelude FLNG*. Será un buque que deberá permanecer un cuarto de siglo o más amarrado en algún lugar del océano Índico produciendo suficiente gas como para abastecer una ciudad del tamaño de Hong Kong. Shell asegura que el gas tendrá tanta demanda en los próximos años que los precios se mantendrán en alza lo suficiente como para justificar la construcción de más buques FLNG. Sin embargo, aclaran, siempre hay riesgos: el precio del gas podría colapsar si la economía de China cae en picada o si Japón reanuda la actividad de sus centrales de energía nuclear, cerradas desde el desastre de Fukushima.

Si la producción de gas alcanza los 3,6 millones de toneladas anuales, el *Prelude FLNG* permanecerá allí durante los próximos 25 años, antes de ser remolcado hasta algún otro sitio con reservas semejantes.

93 m

105 m

Big Ben

488 m

Maersk TRIPLE-E

MAERSK L

400 m

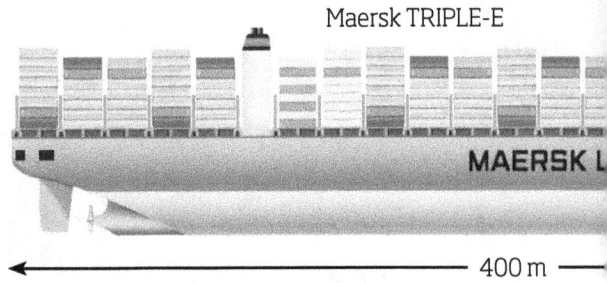

EL *TRIPLE E* EN NÚMEROS

5 las canchas de fútbol virtuales que contiene la cubierta.

6 la cantidad de portaaviones que desplazan la misma cantidad de agua.

25 la cantidad de años que el Prelude FLNG permanecerá en el lugar de explotación actual.

50 los millones de litros de agua que extrae del océano por hora para enfriar el gas natural.

93 los metros de altura de la torreta que atraviesa la instalación, asegurada al fondo marino mediante líneas de amarre.

161 los grados centígrados bajo cero que requiere el gas natural para convertirse en GNL.

175 las piscinas olímpicas que podrían completarse con el líquido que contienen sus tanques de almacenamiento.

← 74 m →

Boeing 747

← 71 m →

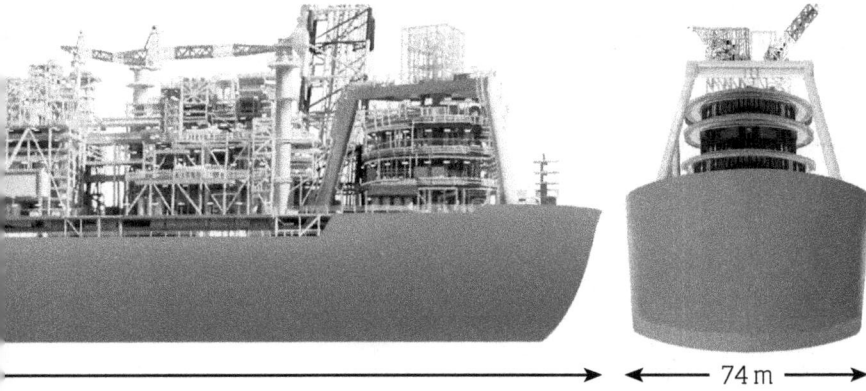

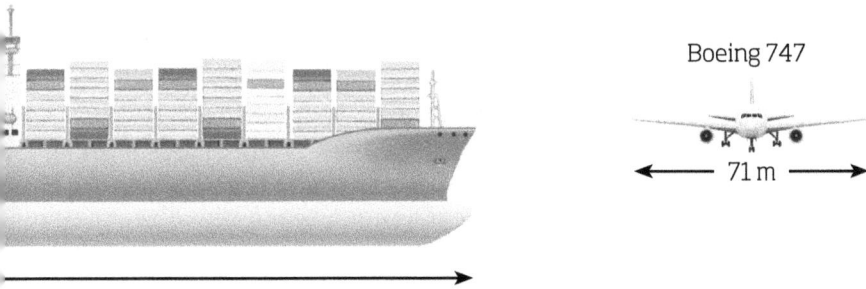

300/350 los miembros de la tripulación en operaciones.

475 los kilómetros que separan el yacimiento de la costa más cercana.

600 la cantidad de ingenieros que intervinieron en el trabajo de diseño e instalación.

3.350 los metros cuadrados de superficie que ocupa.

6.700 los caballos de fuerza requeridos por los remolcadores para posicionarlo en su lugar de trabajo.

260.000 las toneladas de acero que se utilizaron en su construcción.

600.000 las toneladas que pesa en plena capacidad productiva.

3.600.000 las toneladas anuales de GNL de capacidad productiva.

GLOSARIO

Azuela. Herramienta para desbastar la madera. Consiste en un hacha pequeña con una hoja curvada perpendicular al mango.

Babor. Lado izquierdo de una embarcación, mirando desde la parte trasera, o popa, hacia la parte delantera, o proa.

Bulbo. Protuberancia que sobresale en la proa de un barco. Siempre está sumergida en el agua. Se originó en tiempos de guerra, para evitar la perturbación del eco del sonar con los ruidos del barco y de las olas; más tarde, se comprobó que la modificación también reducía el gasto de combustible al disminuir la resistencia hidrodinámica.

Cayuco. Canoa de fondo plano construida con un tronco de árbol vaciado. Su nombre deriva de la palabra de origen antillana *cayo*, que es una pequeña isla con una playa de baja profundidad, formada en la superficie de un arrecife de coral.

Convoy. Conjunto de vehículos, habitualmente de fuerzas comerciales o militares, que viajan en compañía por cuestiones de seguridad. En el ámbito marino, es una reunión de buques mercantes escoltados por otros de guerra.

Cuadernas. En náutica, costillas de madera que conforman la estructura del casco de un barco, y lo recorren de babor a estribor.

Derrota. Camino planeado y seguido por una embarcación, que se traza sobre los mapas o las cartas de navegación.

Eslora. Largo o longitud de una embarcación desde la proa hasta la popa.

Estribor. Lado derecho de una embarcación, mirando desde la parte trasera, o popa, hacia la parte delantera, o proa.

Jackets. Pilotes que conforman la estructura que sirve de recubrimiento y guía de la base sumergida de una plataforma submarina y que la fijan al fondo marino.

Manga. En náutica, ancho mayor que presenta un buque. Se mide en la cuaderna maestra a la altura de la línea del fuerte.

Nudo. Unidad de medida de velocidad, utilizada tanto en la navegación marítima como en la aérea, y que es equivalente a una milla náutica o 1.852 metros.

Puntal. Altura del buque o distancia vertical en metros medida desde la cara inferior del casco en su intersección con la quilla y la línea de cubierta principal.

Peso muerto. Peso real en toneladas que un buque puede transportar cuando está cargado hasta el calado máximo admisible (incluye combustible, agua dulce, suministros, captura y tripulación).

Propulsor azimutal. Hélice que puede orientar su impulso girando alrededor de un eje vertical. Su giro completo (de 360°) mejora la maniobrabilidad y hace incluso innecesario el timón.

Snorkel. Designa de manera general al dispositivo en forma de tubo que sirve para suministrar aire, ya sea a un motor, una caldera, un sistema de aireación o una persona para que pueda respirar mientras practica buceo.

Topside. Parte superior de una plataforma de extracción petrolera que incluye la planta de proceso y demás instalaciones.

Offshore. Término que proviene del inglés y significa "en el mar, alejado de la costa". Puede también interpretarse como "ultramar".

BIBLIOGRAFÍA RECOMENDADA

○ Albor, Laura. La increíble historia del Seawise Giant, disponible en internet: https://www.abc.es/sociedad/abci-increible-historia-seawise-giant-barco-mas-grande-jamas-construido-201803282057_noticia.html.

○ Alexandrova, María. Ya está listo el submarino nuclear secreto ruso que transportará los torpedos Poseidón, disponible en internet: https://es.rbth.com/technologias/82967-submarino-nuclear-secreto-ruso.

○ Conozca los 11 buques de guerra más grandes del mundo, disponible en internet: https://israelnoticias.com/militar/portaaviones-guerra-grandes-mundo/

○ El mayor portacontenedores del mundo de 2020, disponible en internet: https://sectormaritimo.es/el-mayor-portacontenedores-del-mundo-de-2020-23-000-teu-y-propulsado-con-gnl.

○ Fenwick Elliot, Annabel. Bombed and resurrected: Fascinating story of the largest ship ever built, disponible en internet: https://www.dailymail.co.uk/travel/travel_news/article-4779070/History-Seawise-Giant-world-s-largest-ship.html.

○ Fernández, Juanjo. Encargo récord: así serán los 9 submarinos nucleares de EE.UU. más caros de su historia, disponible en internet: https://www.elconfidencial.com/tecnologia/2019-12-14/submarino-nuclear-caro-historia-estados-unidos_2376959/.

○ García Reyes, Alfredo. Reina entre reinas, así es viajar a bordo del Queen Mary 2, disponible en internet: https://www.cerodosbe.com/es/transportes/cruceros/reina-entre-reinas-asi-es-viajar-a-bordo-del-queen-mary-2_620972_102.html.

○ Historia de la Navegación, disponible en internet: http://www.barcelonaworldrace.org/es/educacion/programa-educativo/explora/ser-humano/historia-de-la-navegacion.

○ La evolución de los buques portacontenedores, disponible en internet: http://www.vigoempresa.com/evolucion-de-los-buques-portacontenedores/.

○ Oliveira, Juan. Seawise Giant, el barco más largo jamás construido, disponible en internet: https://vadebarcos.net/2018/11/03/seawise-giant-el-barco-mas-largo-jamas-construido/.

- ¿Quién creó los submarinos más grandes de la historia?, disponible en internet:
  https://mundo.sputniknews.com/rusia/201908161088399849-quien-creo-los-submarinos-mas-grandes-de-la-historia/.

- RMS Titanic, un siglo después, disponible en internet:
  https://www.microsiervos.com/archivo/mundoreal/rms-titanic-un-siglo-despues.html.

- Villar, Víctor. El Siracusia, el barco más grande de la Antigüedad, disponible en internet:
  https://www.labrujulaverde.com/2015/11/el-siracusia-el-barco-mas-grande-de-la-antiguedad-que-diseno-arquimedes.

- Ya navega la embarcación flotante más grande de la historia, disponible en internet:
  https://www.vistaalmar.es/ciencia-tecnologia/barcos/3669-ya-navega-embarcacion-flotante-mas-grande-historia.html.

143

TÍTULOS DE LA COLECCIÓN

www.ingramcontent.com/pod-product-compliance
Lightning Source LLC
Chambersburg PA
CBHW060435090426
42733CB00011B/2282